电子商务类专业
创新型人才培养系列教材

# 互联网产品开发

微课版

马明明 赵爱香◎主编

郝迪慧 邓敏◎副主编

人民邮电出版社

北 京

**图书在版编目（CIP）数据**

互联网产品开发：微课版 / 马明明，赵爱香主编.
北京：人民邮电出版社，2025. -- （电子商务类专业创
新型人才培养系列教材）. -- ISBN 978-7-115-65845-6

Ⅰ. F713.365.2

中国国家版本馆 CIP 数据核字第 2025UY7192 号

## 内 容 提 要

当前，互联网产品已经融入社会生产、生活的方方面面，越来越深刻地影响着人们的学习、工作
和生活。与此同时，互联网产品开发也已成为互联网从业人员及创业者关注的热点领域。本书系统阐
述了互联网产品开发的相关知识，主要内容包括互联网产品概述、互联网产品开发流程和工具、产品
需求分析、产品规划、产品原型设计、产品开发和测试、产品发布和推广、产品迭代等。

本书内容覆盖面广，各项目既相互关联又相对独立，理论讲解与案例实操相结合，知识学习与拓
展提升并重，可以使读者快速、全面地掌握互联网产品开发的思维和技巧。

本书既可以作为普通高等学校、高等职业学校互联网产品开发、互联网产品设计等相关课程的教
材，也可以作为互联网从业人员的参考用书。

◆ 主　　编　马明明　赵爱香
　　副主编　郝迪慧　邓　敏
　　责任编辑　侯潇雨
　　责任印制　王　郁　彭志环
◆ 人民邮电出版社出版发行　　北京市丰台区成寿寺路 11 号
　　邮编　100164　　电子邮件　315@ptpress.com.cn
　　网址　https://www.ptpress.com.cn
　　三河市君旺印务有限公司印刷
◆ 开本：787×1092　1/16
　　印张：11.75　　　　　　　　　　2025 年 1 月第 1 版
　　字数：284 千字　　　　　　　　2025 年 8 月河北第 3 次印刷

定价：49.80 元

读者服务热线：**(010)81055256**　印装质量热线：**(010)81055316**
反盗版热线：**(010)81055315**

# 前言

党的二十大报告指出："当前，世界百年未有之大变局加速演进，新一轮科技革命和产业变革深入发展，国际力量对比深刻调整，我国发展面临新的战略机遇。"以互联网为代表的网络信息技术和产品日益成为创新驱动发展的先导力量，推动社会生产力发生了新的质的飞跃。党的二十大报告还指出，我们要加快建设"网络强国、数字中国"。因此，紧紧抓住信息革命的历史机遇，高度重视互联网、积极运用互联网、有效治理互联网成为我国互联网事业的发展目标，而优秀的互联网产品正是这一发展目标的着力点和落脚点。

市面上关于互联网产品开发的书大多偏重理论，或者仅对产品开发中的某个环节，如 UI（User Interface，用户界面）设计、原型设计等进行讲解，不利于零基础或者基础偏弱的人了解互联网产品开发的全貌。本书通过理论与实践相结合的方法，帮助读者从入门到实践，快速掌握互联网产品开发的相关知识。

## 本书写作特色

■ **内容全面、流程完整**。本书以互联网产品开发流程为主线进行项目任务设计，项目一对互联网产品进行概述，项目二介绍互联网产品开发流程和工具，项目三到项目八依次讲解"产品需求分析—产品规划—产品原型设计—产品开发和测试—产品发布和推广—产品迭代"，涵盖互联网产品开发的完整流程。

■ **图解教学、强化应用**。本书采用图解教学的形式，图文并茂，让读者在学习过程中更直观、更清晰地掌握互联网产品开发的理论知识和实操步骤，全面提升学习效果。

■ **同步微课、资源丰富**。读者可观看案例操作的微课视频，方便直观，即学即会。同时，本书还提供了 PPT、教案、案例素材等学习资源。

■ **配套测试、拓展提升**。本书每个项目都设置了课后测试题，供读者检验学习效果，同时设置了"拓展阅读"栏目，补充与本项目所讲内容相关的案例，以帮助读者更好地总结知识、进行思考。

## 本书编写人员

本书本着共建、共享，缓解众多高校开设"互联网产品开发"课程缺乏教学资源现状的愿望而编写。本书由武汉软件工程职业学院的马明明、赵爱香任主编，天津中德应用技术大学的郝迪慧和广州市机电技师学院的邓敏任副主编。

虽然我们在编写过程中力求准确、完善，但书中仍可能存在疏漏与不足之处，恳请广大读者批评指正，在此深表谢意！

编者

2024 年 12 月

# 目录

# 认识互联网产品

## 项目导读

在互联网时代，通过计算机、平板电脑、手机等智能设备可以轻松完成网上购物、线上学习、打车、订餐等事项，这个过程中使用到的网站、App都是互联网产品。它们的出现给我们的生活方式、工作方式、学习方式、信息获取方式、人际交流方式等带来了深刻的变化。那么，什么是互联网产品？互联网产品经理需要做哪些工作？本项目将介绍互联网产品的概念、分类、特点和发展等知识，以及互联网产品经理的相关知识。

## 学习目标

> ### 知识目标

1. 了解互联网产品的概念。
2. 了解互联网产品的分类。
3. 掌握互联网产品的特点。
4. 了解互联网产品的发展历程。
5. 理解互联网产品的发展趋势。
6. 理解互联网产品经理的工作职责和能力要求。

> ### 技能目标

1. 能够说出互联网产品的概念和特点。
2. 能够说出互联网产品的类别。
3. 能够描述互联网产品的发展趋势。
4. 能够理解互联网产品经理的能力要求。

> ### 素质目标

1. 培养思辨能力，能够结合日常生活阐述对互联网产品的理解。
2. 践行社会主义核心价值观，辨别优秀的互联网产品。
3. 体会"打铁还需自身硬"的道理，培养潜心钻研业务、乐于精耕细作的职业素养。

 了解互联网产品

## 一、了解互联网产品的概念

微课资源

初识互联网产品

要想了解什么是互联网产品，先要了解什么是产品。产品是指能够供给市场，被人们使用和消费，并能满足人们某种需求的东西，包括有形的物品、无形的服务，或者它们的组合，例如图书、开关面板、办公软件、理财产品等，如图 1-1 所示。其中，图书、开关面板属于有形产品，办公软件、理财产品则属于无形产品。它们的共同特点是都能满足人们在某些层面的需求，例如图书可以满足人们阅读的需求，办公软件可以满足人们提高办公效率的需求。

图 1-1　产品示例

国际标准化组织（International Organization for Standardization，ISO）在 ISO9001 中把产品和服务分成了四大类，分别是服务、软件、硬件和流程性材料。ISO9001 用"产品与服务"一词，是为了强调在某些要求的应用方面，产品和服务之间存在的差异。

（1）服务。服务产品通常是无形的，是为了满足用户的需要，供方（提供产品的组织或个人）和用户（接受产品的组织或个人）在接触时的活动及供方内部活动所产生的结果。例如，医疗服务、运输服务、咨询服务、旅游服务、教育服务、快递服务（见图 1-2）等都是服务产品。

图 1-2　快递服务产品示例

（2）软件。软件由计算机和智能设备刻度的数字信息组成，可以表现为信息记录、软件程序等形式。例如，办公软件、社交软件、视频软件（见图 1-3）、交易数据等都是软件产品。

图 1-3 视频软件产品示例

（3）硬件。硬件通常是有形产品，由制造、建造或装配的零件、部件或组件组成，可以作为软件产品的支撑平台和环境，如智能电视机（见图1-4）、手机等。软件产品和硬件产品联系非常紧密，例如手机属于硬件产品，手机上下载的各类App则属于软件产品。

图 1-4 硬件产品示例

（4）流程性材料。流程性材料是指通过将原材料转化成某一预定状态所形成的有形产品，其状态可能是流体、气体、粒状、带状等，如汽油、布匹等。

现实生活中，一种产品往往由多个不同类别的产品构成，产品类别的区分主要取决于其主导成分。例如，汽车是由硬件（如发动机）、流程性材料（如汽油）、软件（如语音控制系统软件）和服务（如使用指南、保修服务等）组成的。而按照其主导成分，汽车被归类为硬件产品。

互联网产品是从传统意义上的产品延伸而来的，指在互联网环境下运营，用于满足互联网用户需求的无形产品。因而，互联网产品可以看作产品的子集。

## ✳ 二、了解互联网产品的分类

互联网产品的形态多种多样，主要有网站、App、小程序、H5等。例如，百度（见图1-5）属于网站类的互联网产品，微信App（见图1-6）属于App类的互联网产品，星巴克小程序（见图1-7）属于小程序类的互联网产品，婚礼纪制作的H5（见图1-8）属于H5类的互联网产品。

图 1-5 百度

图 1-6　微信发现界面

图 1-7　星巴克小程序首页

图 1-8　婚礼纪制作的 H5

为了满足用户在不同终端、不同使用场景下的需求,实现多种产品形态全覆盖成为不少互联网产品的选择。例如,招商银行同时推出了 PC(Personal Computer,个人计算机)端网站、移动端 App、小程序等多种形态的产品,如图 1-9 至图 1-12 所示。

图 1-9 招商银行网站首页

图 1-10 招商银行 App 首页　　　图 1-11 招商银行小程序首页　　　图 1-12 招商银行 H5

与传统产品类似,互联网产品也可以从多个角度进行分类,如按服务对象分类、按运行平台分类、按用户需求分类等。

## 1.按服务对象分类

按服务对象的不同,互联网产品可以分为面向个人用户的产品和面向企业用户的产品。其中,面向个人用户的产品称作 To C(To Customer,简写为 2C 或者 To C)产品,常见的产品形态包括 App、小程序、公众号、PC 端网站及 H5 等；面向企业用户的产品称作 To B（To Business，简写为 2B 或者 To B）产品，例如企业的进销存管理系统、供应链管理系统，客户关系管理系统等，以及面向不同行业（服务业、制造业、商品流通业等）的互联网产品。

### 2．按运行平台分类

按运行平台的不同，互联网产品可以分为 PC 端产品、移动端产品和其他终端产品。其中，PC 端主要指个人计算机终端；移动端指移动设备终端，一般指手机端；其他终端是指除 PC 端和移动端以外的其他终端，如智能手表、智能手环、车载导航等。

### 3．按用户需求分类

按用户需求的不同，互联网产品可以分为交易类产品、社交类产品、内容类产品、工具类产品和娱乐类产品等。其中，交易类产品主要是各类交易行为线上化所衍生出来的互联网产品，如淘宝、京东、美团等；社交类产品主要是为了满足用户在社会生活中的社交需求而衍生出来的产品，如微信、QQ 等；内容类产品主要为用户提供新闻、行业资讯、百科知识等资讯类功能，如今日头条；工具类产品主要解决用户在特定环境下的即时性需求，如翻译、扫描、计算等，因而往往产品逻辑比较简单；娱乐类产品满足的用户需求往往是复杂而多变的，因而其衍生出了很多子类型产品，包括图文类产品、音乐类产品、视频类产品、游戏类产品、文学类产品等，例如小红书、网易云音乐、抖音等。

##  三、了解互联网产品的特点

总体来看，互联网产品呈现出以下 4 个特点。

### 1．终端化

互联网产品主要通过计算机和手机等终端来呈现。中国互联网络信息中心于 2024 年 8 月发布的第 54 次《中国互联网络发展状况统计报告》显示，截至 2024 年 6 月，我国网民使用手机上网的占比达到 99.7%；使用台式计算机、笔记本电脑、电视和平板电脑上网的占比分别是 34.2%、32.4%、25.2% 和 30.5%。

相比计算机，手机具有明显的优势：第一，手机有摄像头，方便拍照和录视频，也可以使用"扫一扫"等图片识别功能；第二，手机有蓝牙、重力感应器、方向感应器、NFC（Near Field Communication，近距离无线通信技术）等，使打车、订餐、导航等应用了基于位置的服务（LBS，Location Base Service）的功能得以实现；第三，相比于计算机要依靠键盘和鼠标进行人机交互，在手机端通过手指触摸、肢体动作、语音等方式进行交互，用户体验更好。

### 2．社交化

互联网技术的发展使人与信息、人与商品、人与人之间建立起了联系，移动互联网和手机的普及也让人与人的连接更加便捷，进一步释放了人们的社交需求。社交类产品在移动互联网时代拥有海量的用户基础，用户在互联网上形成了各种各样的虚拟圈子，他们为了共同的兴趣、话题，或者因为从事同一项工作而聚集在一起。社交媒体也成为信息发布、互动交流、舆情管理、品牌推广等各种社会活动的重要载体。

### 3．个性化

在互联网时代，通过信息科技的力量，企业可以更加精准地了解用户的偏好和需求，并根据这些信息进行精准的推荐和服务。随着终端由计算机转向手机，设备变得更加小巧便携

的同时，也要求互联网产品的设计更加简约，并通过智能算法把用户所需要的信息或者商品推荐给用户，从而提高用户的决策效率并改善用户体验。

### 4．广泛化

互联网是开放的，网络信息可以实现全球交流与共享，人们可以不再受物理时空的限制而进行自由交往，人们之间不同思想观念、价值取向的冲突与融合也变得可能。同时，互联网产品对生活、工作的渗透程度越来越深，从即时通信、网络视频、网络文学到游戏娱乐等，互联网产品更加广泛、更加深入地融入我们的日常工作和生活中。

## ❋ 四、熟悉我国互联网的发展历程

我国互联网的发展历程大致可以分为 5 个阶段，分别是互联网起步阶段、互联网快速发展阶段、移动互联网起步阶段、移动互联网爆发阶段和智能互联阶段，不同阶段都涌现出了不同的具有时代特色的互联网产品，如图 1-13 所示。

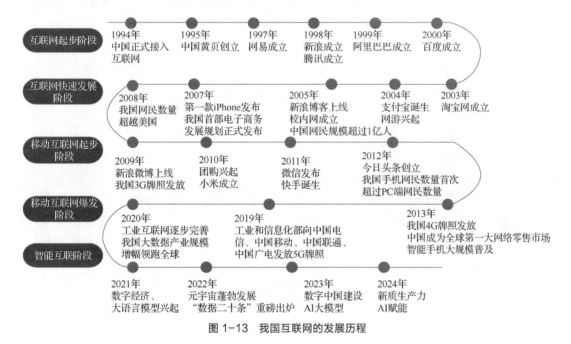

**图 1-13　我国互联网的发展历程**

### 1．互联网起步阶段（1994—2000 年）

互联网诞生于美国，我国于 1994 年正式接入互联网，此后我国的互联网基础设施不断完善，为互联网的商业化和互联网产品的诞生创造了条件。在这一阶段，互联网普及率低、网民规模小，典型的互联网产品包括网易、新浪、搜狐等门户网站和百度等搜索引擎，其主要满足用户获取信息的需求。用户利用 Web 浏览器，通过门户网站进行浏览、搜索等操作，只是被动接收内容，没有互动体验。这一阶段也被称为 Web1.0 时代。

### 2．互联网快速发展阶段（2001—2008 年）

2001 年以后，我国互联网进入快速发展阶段。2005 年年底，我国网民规模超过 1 亿人；2008 年 6 月，我国网民规模达到 2.53 亿人，首次超越美国，成为世界第一位。网民规模的迅速扩张和互联网基础设施的不断完善，为互联网产品创新提供了土壤。电子商务、博客、微博、社交网络、网络游戏、网络支付，各类互联网产品层出不穷，互联网也由门户网站和搜索时代转向社交化网络时代。这一阶段，用户不仅是信息的接收者，还是信息的创造者和传播者。这一切都宣告着 Web2.0 时代的到来。

### 3．移动互联网起步阶段（2009—2012 年）

2009 年，3G 牌照发放，移动互联网时代开启。此后，电子商务在我国进入高速发展阶段，2013 年，我国超越美国，成为全球第一大网络零售市场。各种基于智能手机的应用和服务不断出现，网民规模呈指数级增长，但是这一阶段由于智能手机还没有普及，互联网的载体仍然以计算机为主，以手机为辅。2012 年，手机成为我国网民使用最多的上网终端，预示着移动互联网即将迎来爆发式发展阶段。

### 4．移动互联网爆发阶段（2013—2020 年）

2013 年以来，随着安卓智能操作系统的大规模商业化应用，各大手机厂商纷纷推出触摸屏智能手机和手机应用商店，以手机用户为主的移动互联网时代开启。这一阶段，智能手机用户规模快速增长，平板电脑用户规模占比上升。由于智能手机具备"永远在线"和"随时随地使用"的特点，移动互联网成为很多人生活的重要组成部分。例如，2012 年微信用户突破 1 亿人。2013 年年底，工业和信息化部正式向中国移动、中国电信和中国联通三大运营商发放了 4G 牌照。2015 年，"互联网+"成为国家战略，大量企业开始了互联网转型。2020 年，我国手机网民规模接近 10 亿人，庞大的用户规模为我国移动互联网在应用层的创新奠定了用户基础。

### 5．智能互联阶段（2020 年以后）

2019 年，我国的 5G 完成了初步部署。随着 5G、人工智能、大数据技术、物联网技术的发展，视频内容消费、产业互联网、远程诊断、无人驾驶等创新应用场景和模式不断出现，我们正在从移动互联网时代向智能互联阶段迈进，正式进入了 Web3.0 时代。

总的来说，从 1994 年至今，我国互联网走过了 30 多年的历程，移动通信技术从 2G 发展到 5G，实现了从 Web1.0 时代到 Web3.0 时代的发展，其特点分别如图 1-14 所示。目前，我国的移动互联网无论是技术层面还是应用创新层面，均走在世界前列。技术的不断发展和进步带来了互联网产品形态的丰富，我国涌现出越来越多的优秀的互联网产品。

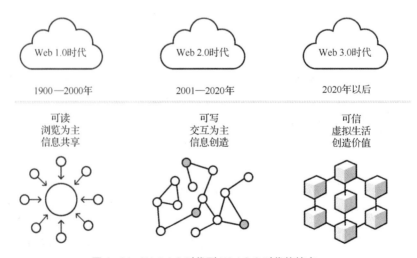

图 1-14　Web1.0 时代到 Web3.0 时代的特点

## ❊ 五、了解互联网产品的发展历程

从Web1.0时代用户只能被动接收互联网上的内容，到Web2.0时代用户能够在互联网上自主创建内容，再到Web3.0时代用户成为互联网内容真正的创作者与构建者，一批又一批的优秀互联网产品推动着我国互联网的发展。下面介绍互联网产品的发展历程。

Web1.0时代的典型互联网产品有网易、新浪、搜狐、百度等。这一时期新浪网的界面如图1-15所示，其主要特点是用户只能单向浏览、搜索，没有互动体验。

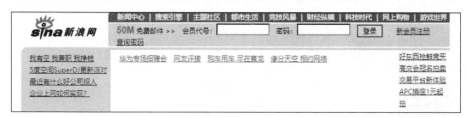

图1-15 Web1.0时代的新浪网界面

Web2.0时代，博客概念的推广及博客网站的发展是最为显著的特点。博客相当于电子日记，用户注册账号后可以发布文字、图片等内容，其界面如图1-16所示。

图1-16 Web2.0时代的网易博客界面

新浪与搜狐两大门户网站先后推出博客产品，并推出名人博客、博客大赛等一系列商业营销活动，对博客的商业化发展起到了重要的促进作用。据中国互联网协会统计，2005年，我国的博客数量达到了1600万个。而中国互联网络信息中心于2006年7月发布的数据显示，我国网民经常使用博客的达到2800万人，占网民总数的23.7%。

这一时期由于电子商务迅猛发展，线上商城、团购平台层出不穷，大众点评网就是其中一家团购平台，其界面如图1-17所示。

图 1-17　大众点评网首页

　　此外，海量的移动端 App 出现，并不断创新升级。例如，微信红包功能上线，微信官方数据显示，从 2013 年除夕到 2014 年正月初八这 9 天时间，总共有 800 多万人共领取了超过 4000 万个红包，且参与者遍布全国 34 个省级行政区。2015 年春晚，微信借春节的契机，联合电商掀起了一波亿万人参与的摇红包浪潮。微信官方数据显示，2015 年除夕当晚，春晚摇一摇互动总量达到 110 亿次，10 分钟送出 1.2 亿个微信红包，除夕当日微信红包收发总量达 10.1 亿个。优秀的产品设计和出色的营销推广方式，让微信红包成了互联网产品的标志性产品。Web2.0 时代的微信红包如图 1-18 所示。

图 1-18　Web2.0 时代的微信红包

Web3.0 时代，用户成为互联网内容真正的创作者与构建者，同时工业互联网、大数据技术应用也在不断深化，应用场景越来越丰富。工业机器人就是工业互联网的典型产品。以某公司的智能螺丝锁附机器人（见图 1-19）为例，在机器人一刻不停的情况下，每 8 分钟自动锁完 130 颗螺丝，而同样的工作量，人工大概需要 1 个小时才能完成。客户个性化定制订单的完成进度在大屏上实时滚动显示，在不到 30 分钟的时间里，某订单的生产进度就从 75%提升到了 100%。

图 1-19　Web3.0 时代的智能螺丝锁附机器人

## ❋ 六、理解互联网产品的发展趋势

随着科技的不断进步，互联网产品已经成为现代社会生产、生活中不可或缺的一部分。从最初的信息传递到如今的社交媒体、在线购物、云计算等多种应用，互联网产品已经深刻改变了人们的生活方式和商业模式。在未来，互联网产品的发展将呈现出更加多样化和复杂化的趋势。

### 1．垂直市场和细分领域创新成为新的发展机会

我国互联网经过 30 多年的发展，涌现出了海量的互联网产品，几乎覆盖人们生产、生活的方方面面。随着信息流通的畅通化和信息获取的便捷化，人们很容易跨越地域、文化的影响，变得更加多元化，需求更加复杂化。多元化和复杂化所带来的就是互联网产品的细分，如使用场景的细分、用户喜好的细分等。在不断开拓细分市场、挖掘垂直需求的时代，敏锐地抓住用户需求并为其提供独特的解决方案是互联网产品新的发展机会。

### 2．产品分层趋势渐显

在互联网发展初期，互联网产品数量少、内容稀缺，用户时间相对充足，现在则恰恰相反，用户时间有限，可用、可得的互联网产品却极其丰富。所有的互联网产品都需要争取甚至争抢用户有限的时间，因此互联网产品可能会呈现分层趋势。也就是说，互联网用户按照兴趣、经济水平和地域等要素分化为一个个小圈子，而互联网产品比拼的不再是用户数量，而是核心用户数量及用户黏性。以移动端 App 为例，未来会形成"超级 App—偏好 App—小众 App"的金字塔结构，如图 1-20 所示。其中，超级 App 数量不多，但功能强大，是用户最为依赖和高频使用的产品；在此基础上衍生出与人们生活、工作息息相关的偏好 App，用户根据自己的使用偏好建立自己的 App 群，使用频率较高；再往下则是位于"长尾"的小众App，用户会在特定的时间和情境下使用，但用完即走。当然，一款 App 所处的层级并非一成不变的，会随着自身的发展和市场情况而变动。

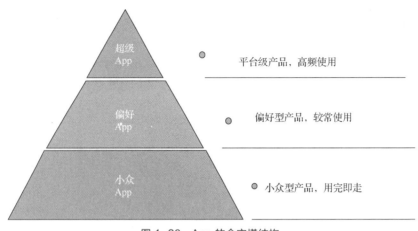

图 1-20　App 的金字塔结构

### 3．更加注重以用户为中心

未来，互联网产品会更加聚焦于服务本身，更好地体现以用户为中心、体验至上的理念，使用方式更加便捷、智能。通过大数据和人工智能技术，互联网产品的开发者会让互联网产品更懂人的需求，更方便快捷地提供让用户满意的信息和产品。

## 任务二　认识互联网产品经理

### 一、产品经理的起源

人们每天都在使用各种各样的产品，例如使用牙膏刷牙，使用杯子喝水，使用计算机办公等，这些产品的创造者就是产品经理。其实产品经理并不是一个新岗位，在很多传统公司中早就有产品经理这一岗位。例如，医疗行业有负责药品的产品经理，日护行业有负责用户调研的产品经理，其职责主要是面向市场和用户，把他们的建议、需求等带回公司进行总结、反映并供决策层参考。进入互联网时代，我们使用的聊天工具、短视频 App 的创造者就是互联网产品经理，他们在互联网产品的发展过程中发挥着越来越重要的作用。那么，产品经理的概念从何而来？产品经理的发展经过了哪些阶段呢？

微课资源

认识互联网产品经理

产品经理的概念最早是在 1927 年由宝洁公司提出的。当时，宝洁公司推出了新的香皂品牌"佳美"（Camay），虽然投入大量广告费用，但是其销售业绩一直不尽如人意。经过仔细的调查和研究，负责销售工作的麦克爱尔洛埃提出"一种品牌配置一个经理"的建议，即品牌经理整体负责与"产品"这一抽象概念相关联的工作，品牌经理制度由此诞生。此后很多中国企业也开始采用品牌经理制度。随着时间的推移和本土管理模式的发展，品牌经理在职责和名称上也发生了变化，最终被"产品经理"替代。

产品经理是企业中专门负责产品管理的职位。产品经理负责进行市场调查并根据用户的需求确定开发何种产品、选择何种技术和商业模式等，并推动相应产品的开发；与此同时，产品经理还需要根据产品的生命周期协调研发人员、营销人员、运营人员等，保证产品开发的顺利进行。产品经理岗位的发展历程如表 1-1 所示。

表1-1 产品经理岗位的发展历程

| 时间 | 历程 |
|---|---|
| 1927 年 | 宝洁公司提出品牌经理制度并被推广 |
| 1996—2000 年 | 我国互联网领域诞生第一批产品经理 |
| 2003—2009 年 | 国内部分公司设置产品经理岗位，引入产品经理的概念 |
| 2010 年 | 随着 iPhone 火爆全球，产品经理的概念开始在我国迅速传播 |
| 2011 年至今 | 产品经理制度日渐成熟 |

在我国，产品经理的概念是随着互联网时代的到来逐渐形成的，这也决定了互联网产品经理与传统行业产品经理的差异。

## 二、互联网产品经理的定义

在互联网时代，企业越来越关注用户需求和用户体验，产品经理制度也在行业内被广泛应用。

互联网产品经理是企业中专门负责互联网产品管理的职位，负责用户需求挖掘和分析、产品原型设计、商业模式规划等，并根据产品的生命周期，协调研发人员、营销人员、运营人员等，推动互联网产品的开发和运营等。

与传统行业产品经理相比，互联网产品经理面对的多为新兴行业，所负责的产品多为网站、App 等虚拟产品，需要在激烈的互联网行业竞争中不断推陈出新，以占领市场，所以产品迭代更新较快。

互联网产品经理与传统行业产品经理的差异如表1-2所示。

表1-2 互联网产品经理与传统行业产品经理的差异

| 项目 | 互联网产品经理 | 传统行业产品经理 |
|---|---|---|
| 面对的行业形态 | 新兴行业 | 成熟行业 |
| 创造的产品 | 虚拟产品为主 | 实体产品为主 |
| 产品迭代周期 | 较短（几个月到一年） | 较长（几年甚至更长时间） |

## 三、互联网产品经理的划分

根据工作内容和职责的不同，互联网产品经理一般可以划分为产品助理、产品经理、高级产品经理、产品总监和产品副总裁，如表1-3所示。不同职级对应的层次和能力要求也有所不同，总的来说，随着职级的升高，互联网产品经理所要具备的业务能力、管理能力和决策能力也要越来越强。

表1-3 互联网产品经理的划分

| 职级 | 所处层次 | 能力要求 |
|---|---|---|
| 产品助理 | 学习层 | 入门学习，能够在他人的指导下完成部分互联网产品经理的工作 |
| 产品经理 | 执行层 | 能够独立承担某条业务线的产品开发和推进等工作 |
| 高级产品经理 | 管理层 | 具备管理团队的能力和跨部门协调能力，能够带领团队完成产品开发相关的工作 |
| 产品总监 | 管理层 | 规划方向，指导并安排团队完成相关工作，具有行业影响力 |
| 产品副总裁 | 管理层 | 具备战略与决策能力，具备开创业务的能力 |

规模较大的互联网公司往往对互联网产品经理的职级有精细的划分，职级体系一方面客观量化了员工的业务能力和管理能力；另一方面也构建了系统的薪酬管理体系，不同的职级对应的薪酬水平、奖金等往往存在较大差距。每个互联网公司都有一套严格、规范的职级、薪酬体系，以及专属的晋升规则，让大家在不断的竞争与进步中成为更优秀的人才。

## 了解互联网产品经理的工作职责和能力要求

### ✳ 一、互联网产品经理的工作职责

通过前面讲的互联网产品经理的定义，我们可以了解其主要工作职责包括哪些内容，这些工作职责看似繁杂琐碎，但概括起来主要是图形产出、产品管理和沟通协调 3 部分，如图 1-21 所示。

图 1-21　互联网产品经理的工作职责

### 1．图形产出

互联网产品经理需要产出的图形主要有 3 种，分别是产品结构图、产品流程图和产品原型图。具体内容，后面的项目会进行详细讲解，此处只做简单介绍。

（1）产品结构图

产品结构图是综合展示产品功能和页面结构的图，可以图形化地展示产品具备哪些功能、有多少页面。图 1-22 所示为微信"附近的人"部分的产品结构图。

产品结构图可以在产品设计前期的需求评审或其他类似场景中作为产品原型的替代内容。相较于产品原型，产品结构图具有实现成本低，方便增加、删除、修改操作等的特点。互联网产品经理通常使用 Xmind、MindManager 等绘制产品结构图。

（2）产品流程图

产品流程图是用特定图形符号描述产品操作流程的图，能够展示先做什么、后做什么，是一个包含开始、结束、行动、状态与判断的功能结构组合。图 1-23 所示为某 App 的注册登录模块流程图。

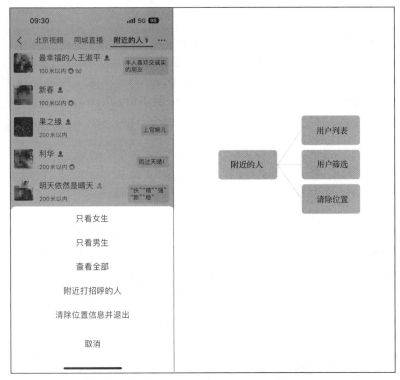

图 1-22　微信"附近的人"部分产品结构图

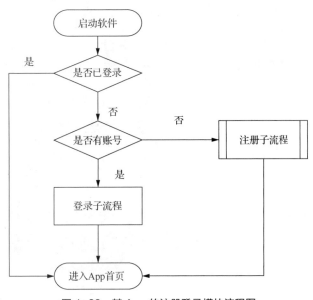

图 1-23　某 App 的注册登录模块流程图

　　产品流程图最大的优势是直观、细致，可以帮助互联网产品经理梳理、完善用户的操作流程，降低团队成员之间的沟通成本。常用的产品流程图绘制工具有 Visio、ProcessOn 等。

　　（3）产品原型图

　　产品原型图是用来表达产品功能和内容的示意图，可以高度模拟真实产品。在互联网产品的设计过程中，产品原型是最重要的产出物之一，它汇集了产品的主要功能，便于产品设计人员直观地认识和理解产品。产品原型图主要包括低保真原型图和高保真原型图两种。

15

① 低保真原型图

低保真原型图也称为线框图，是指用线框来表示功能，几乎不做任何视觉效果渲染的产品原型图。低保真原型图通常为黑白色，其页面只在布局、功能模块、信息架构等方面做得比较精细，不追求视觉效果。

在制作低保真原型图时，互联网产品经理不需要考虑界面元素的形状、配色及动画效果。通常在完成低保真原型图后，互联网产品经理需要与交互设计师、UI 设计师、前端工程师、后端工程师及测试工程师一起召开设计需求评审会，并根据评审结果对低保真原型图进行多轮调整，直至大家达成一致，再进行后面的工作。在实际工作中，低保真原型图的使用者包括需求提出人、UI 设计师、前端工程师、后端工程师和测试工程师等。

② 高保真原型图

高保真原型图也称为产品视觉稿，其与最终的产品效果非常接近，除了没有真实的后台数据支撑，几乎可以模拟前端界面的所有功能。互联网产品经理可以为高保真原型图添加页面跳转效果与简单的交互效果，模拟真实产品的使用场景。图 1-24 所示为某网站的低保真原型图和高保真原型图，从中可以清晰地看到两者的差别。

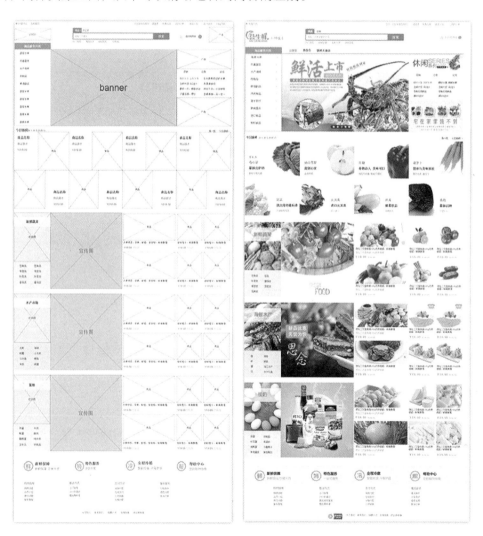

图 1-24  某网站低保真原型图和高保真原型图

在制作高保真原型图时，互联网产品经理需要在低保真原型图的基础上配合 UI 设计的效果图，在界面中插入真实的图片及图标，充分利用每一类元件的样式及专有的交互属性，以提高原型图的真实性。

由于高保真原型图的制作较为复杂，因此在产品设计过程中可以简化或者省略。高保真原型图一般只在公司层面的汇报或者产品商务演示时使用，使用者包括公司高层领导、老板、投资人及其他重要决策者。

### 2．产品管理

产品管理是指在产品开发过程中对各阶段产品目标进行监管和控制，其目的是保证产品的顺利开发。由于产品开发是一个复杂的过程，涉及对市场的认识、对产品技术的了解、对企业资源的调配等各个方面，因而如果在此过程中缺乏相应的管理，就很难达成预期的目标。在实际工作中，互联网产品经理的管理工作主要体现在两个方面——需求管理和项目管理。

（1）需求管理

需求管理是调研用户需求，将用户需求转化为产品需求，并保证产品需求功能得以实现的过程，具体包括需求的收集、分析、筛选和实现等。互联网产品经理会在这一过程中评估需求的可实现性和优先级，并确定需求负责人。

（2）项目管理

项目管理是指在产品开发过程中运用知识、技能、工具和方法，以求在有限的资源条件下实现项目目标。在项目管理过程中，互联网产品经理往往会和项目经理配合。前者主要从宏观层面规划整个产品的架构和发展路线，保证产品的生命周期、市场利润；后者更注重产品项目实现过程中的控制和执行，保证项目目标顺利达成。

### 3．沟通协调

在产品开发的过程中，各个部门的人员需要相互配合。互联网产品经理虽然不能直接领导其他部门，但经常需要协调各部门的工作，因此其高效沟通和工作协调能力显得尤为重要。

（1）高效沟通

高效沟通是贯彻、落实、完成产品开发的必要条件，互联网产品经理要将自己的想法及时、准确地传达给他人，避免他人主观臆断，为产品的开发创造安全、顺畅的环境。例如，互联网产品经理可以将一些专业术语或内容通过举例或图形化的方式展示给非技术部门。一名优秀的互联网产品经理一定是一个高效沟通者。

（2）工作协调

产品的开发需要各个部门相互配合。而互联网产品经理要负责协调各部门之间的工作，保证产品开发工作按照既定的目标顺利进行，其协调工作主要包括制订项目计划、进行资源协调、跟踪项目进展等。

需要注意的是，在大型公司里，通常会由项目经理来处理大部分项目管理和沟通协调的工作，互联网产品经理只需提供支持和建议，而在创业公司里，互联网产品经理通常需要自己进行项目管理和沟通协调的工作。

## ❋ 二、互联网产品经理的能力要求

做好图形产出、产品管理和沟通协调工作，既是互联网产品经理的工作职责，也是一项重要挑战。而要完成这一挑战，互联网产品经理需要具备优秀的需求分析能力、产品规划能力、数据分析能力和管理协调能力。

### 1．需求分析能力

互联网产品经理的工作基本以需求为核心，围绕需求展开。互联网产品经理在接收到需求后，就要开始需求分析的过程。需求分析的结果，不仅影响着互联网产品经理的工作，也主导着整个团队的工作方向，其重要性不言而喻。优秀的互联网产品经理在接收到需求后，要和需求方进行详细沟通，并结合业务本质诉求、业务价值与优先级、系统实现能力、对相关合作方的影响等进行综合思考，然后产出最终的需求分析结果，即可实行的产品方案，进行推动落地。

### 2．产品规划能力

产品规划能力是指跳出各项琐碎具体的需求，站在更高的层次思考产品的定位与目标的能力。互联网产品经理要对产品进行全局性的战略思考，基于产品的历史、现状及要达到的目标来规划产品的开发计划，使产品在满足各方需求的同时，始终保持着正确的发展方向，并逐步实现预期目标。产品规划体现了互联网产品经理对产品的掌控能力。

### 3．数据分析能力

在大数据时代，通过数据分析驱动业务开展和产品运营几乎是所有互联网公司的共识。互联网产品经理尤其要对产品的相关数据保持敏感度，具备数据分析能力，因为只有这样才能直观地了解产品的表现，并挖掘出背后深层次的原因，构思解决问题的方案，通过循环迭代来逐渐完善产品。此外，坚持根据数据做决策也能增强互联网产品经理的说服力和领导力。

### 4．管理协调能力

产品从方案设计、研发测试到上线，往往都以大大小小的项目的形式推进。在很多情况下，互联网产品经理往往需要兼职项目经理，于是管理协调能力也成为互联网产品经理需要具备的能力之一。

## 项目小结

本项目通过讲解互联网产品的概念、分类、特点和发展趋势等知识，帮助读者理解互联网产品设计的重要性。同时，本项目针对互联网产品经理的工作职责和能力要求进行了详细分析，为读者的职业规划和对后续项目的学习打下基础。

## 过关测试

**单项选择题**

1．国际标准化组织把产品和服务分成了四大类，分别是服务、（　　　　）、硬件和流程性材料。

    A．软件　　　　　　　B．App　　　　　　　C．网页　　　　　　　D．虚拟产品

2. 常见的互联网产品形态包括网站、（　　）、小程序、H5 等。

    A. 网页          B. App          C. 软件          D. 社交产品

3. 按服务对象的不同，互联网产品可以分为 To B 产品和（　　）两类。

    A. 小程序       B. H5         C. 社交类产品   D. To C 产品

4. 用户利用 Web 浏览器，通过门户网站进行浏览、搜索等操作，被动接收内容，没有互动体验，这一阶段被称为（　　）时代。

    A. Web1.0      B. Web2.0      C. Web3.0      D. 移动互联

5. 2019 年，我国的（　　）完成了初步部署，随后视频内容消费、产业互联网、远程诊断、无人驾驶等创新应用场景和模式不断出现，我国互联网行业也开始进入智能互联阶段。

    A. 3G           B. 4G           C. 5G           D. 6G

## 拓展阅读

### 传音：风靡非洲的中国手机

很多人不知道，非洲人最喜欢的手机之一来自深圳一家不起眼的厂商——传音。这家企业对很多人来说都有点陌生，但它旗下的手机品牌 TECNO、itel 及 Infinix 在非洲市场的地位举足轻重。

传音的前身是波导手机，波导手机曾被誉为"手机中的战斗机"。波导手机曾在 2003 年销量突破 1000 万部，超过摩托罗拉和诺基亚，成为当时我国手机市场的冠军。

随着国内手机市场的竞争越来越激烈，波导手机前销售副总经理竺兆江把眼光放到了海外。2013 年，竺兆江成立了深圳传音控股股份有限公司，专注于非洲市场。

传音手机刚进入非洲时，主导非洲手机市场的是三星和诺基亚，那时非洲人常问："中国的一个小手机公司能捣鼓出什么名堂？"

"我们就是背着包，到最接近消费者的地方去了解他们的需求，以最快的响应速度设计出符合他们消费特征的手机。"这是传音公司给出的答案。

（1）非洲的通信基础建设非常落后，运营商多达十几家，且不同运营商之间的通话资费很高，每次出门带好几张电话卡成为当地居民的"家常便饭"。传音准确抓住了非洲消费者的这个需求和痛点，推出"四卡四待"手机 TECNO 4Runner，用来解决非洲运营商众多的问题。

（2）针对非洲地区经常停电、早晚温差大、天气炎热等问题，传音有针对性地开发出了低成本高压快充技术、超长待机功能、耐磨耐手汗陶瓷新材料、防汗液 USB 端口等。

（3）当非洲人为用手机自拍面部表情不清晰而苦恼时，传音搜集了当地 10 万余张照片，投入 200 多人集中攻关，在硬件、软件和算法上不断调试、优化，成功解决了手机自拍功能对黑色皮肤曝光不足的问题——传音利用牙齿和眼睛定位，再加上曝光的配合，使手机自拍照片中的皮肤变成非洲消费者喜欢的"巧克力肤色"。

（4）根据不同消费者的需求，传音为其"量身定做"了 3 个品牌：itel 价格较低，主

要针对年轻消费者，主打活泼、个性；TECNO 面向中高端消费者；Infinix 则主要面向电商消费者。3 个手机品牌针对不同消费者的喜好而设计，手机的大小、厚薄、轻重也各有不同。

利用贴心周到的设计，传音手机很快就在非洲市场站稳了脚跟。

在非洲市场站稳后，传音并没有就此止步，而是步步为营，打开了更大的市场空间。近些年来，传音把战略定位从"聚焦非洲"扩展到"聚焦新兴市场"，已经开拓了南亚、东南亚、拉丁美洲、中东等新兴市场，全球销售网络覆盖 70 多个国家和地区。

# 项目二

# 熟悉互联网产品开发流程和工具

## 项目导读

从最初的构思到可供大家使用的产品，每个互联网产品都经历了一系列的复杂过程，都凝聚了互联网产品经理、UI 设计师、交互设计师、前端工程师、后端工程师及测试工程师等多个岗位的劳动和智慧。具体而言，互联网产品从无到有需要经历哪些步骤？可以使用哪些工具辅助完成产品设计？本项目将介绍互联网产品开发流程的基础知识，以及常用的互联网产品开发工具及其使用方法。

## 学习目标

> **知识目标**

1. 熟悉互联网产品开发的流程。
2. 理解互联网产品开发各个环节的含义。
3. 了解常用的互联网产品开发工具。

> **技能目标**

1. 能够说出互联网产品开发的流程。
2. 能够使用常用的互联网产品开发工具。
3. 掌握 Axure RP 11 的使用方法。

> **素质目标**

1. 提升互联网产品开发的职业意识。
2. 提升对互联网产品开发常用工具的学习和使用兴趣。

**任务一** **熟悉互联网产品开发流程**

互联网产品往往起源于一个精妙的创意或者对需求的敏锐把握，从一个想法到一款具体的产品，中间要经过很多流程和步骤，互联网产品经理需要熟悉产品开发流程，这样才能在各个阶段把控产品，保证产品顺利开发。互联网产品开发流程主要包括产品构想、产品需求分析、产品规划、产品原型设计、产品开发和测试、产品发布和推广、产品迭代。

微课资源

互联网产品开发
流程

## ❋ 一、产品构想

很多优秀的互联网产品的起源就是一个奇妙的想法或者点子，然后它就像一颗种子一样萌芽、成长，逐渐演变成一款产品。所以，产品构想是互联网产品开发的第一步。

产品构想主要来源于4个方面：观察生活、用户反馈、竞品启示、公司战略布局或投资人的判断。

### 1．观察生活

互联网产品经理对生活中问题或者需求的观察，往往可以成为研发产品、解决问题的契机。例如，随着时代的发展，人们对健康越发重视，越来越多的人加入运动健身的潮流。但人们健身时的痛点也十分明显：不懂如何正确使用健身器材；网上健身教程虽丰富，但分不清哪些是科学的；没有科学的健身计划，健身效果不明显等。互联网产品 Keep 抓住了人们的这一痛点，于 2015 年 2 月正式上线，以"移动健身教练"为产品定位，主打线上室内健身教程，用户也可以在社区分享自己的健身成果。Keep 的界面如图 2-1 所示。

### 2．用户反馈

一些大中型互联网公司每天都会收到用户各种各样的反馈信息，有些反馈信息经过互联网产品经理的提炼和筛选后，可以为产品构想提供一些思路和启示。用户反馈是一项长期的活动，很多互联网产品都设置了类似于"用户反馈""我要吐槽"等入口，产品上线后仍然能够收到用户的反馈。

### 3．竞品启示

这里的竞品是指市面上具备发展前景的同类产品。在对

图 2-1　Keep 界面

自身产品和竞品进行对比分析时，互联网产品经理可以深入思考产品是否解决了用户的问题，有没有更好的解决方法，产品有没有需要改进、优化的地方。互联网产品经理可以从其他优秀产品上得到启示，从而进行微创新，实现差异化竞争。

### 4．公司战略布局或投资人的判断

还有一些产品构想来源于公司的战略布局需要或者投资人的前瞻性判断。这是指公司结合宏观的社会发展趋势，对未来市场机会提前布局。例如，我国进入老龄化社会后，养老方

面的产品必将拥有巨大的市场空间，因而公司可以开发关于智能化养老、健康监测、走失监视等的智能化硬件产品和软件服务，这都是不错的互联网产品构想。再如，投资人认为人工智能技术在医疗领域和教育领域可以发挥巨大潜力，于是公司结合自己的行业优势，开发智能医疗影像识别、虚拟护士，或者教师能力 AI 测评系统、课堂教学智能评测系统等互联网产品。

最初阶段的产品构想往往是粗糙的、不明确的，需要互联网产品经理对其进行验证，形成比较清晰的产品概念。常用的验证方法有自洽验证法和三角互证法。自洽验证法是指互联网产品经理自己进行逻辑推演，证明该产品构想并非异想天开。三角互证法是指将一个问题用以 3 个不同来源、不同方式得来的结果加以分析、比较，看是否具有一致性。在产品构想阶段，互联网产品经理可以将自己的想法分享给同事、同行或者用户代表，征集他们的建议，通过这样的小范围沟通让产品构想逐步变得清晰。

## ❋ 二、产品需求分析

通过产品构想及初步验证，一个基本的产品概念就初具雏形了。但是，这个构想能否发展为成型的产品，还需要对产品的需求进行更广泛、更深入的分析和论证，一般包括用户研究和市场研究。

### 1．用户研究

用户研究是围绕以用户为中心的设计方法论所进行的活动，目的是定位产品的目标受众。常见的用户研究方式包括用户访谈、问卷调查和数据分析等。

### 2．市场研究

市场研究主要包括行业分析和竞品分析。行业分析的目的是明确产品的市场价值，是为了解决值不值得做的问题。竞品分析的目的是明确产品的差异化策略，是为了解决怎么做的问题。

关于产品需求分析的内容，将在项目三详细介绍。

## ❋ 三、产品规划

完成产品需求分析后，确定产品可以做，就可以开始进行产品规划了。产品规划包括产品结构设计、产品流程设计等。

### 1．产品结构设计

产品结构设计是指绘制产品功能或页面的基本框架，这一阶段的产出物是产品结构图，其相当于产品的骨架，是产品流程图和产品原型图绘制的依据。

### 2．产品流程设计

产品流程设计是指绘制能够明确产品操作环节和转换关系的图，即产品流程图，这一环节是产品规划的核心内容。产品流程图可以让项目参与者明确知道产品是如何运作的，便于快速开展工作。

关于产品规划的内容，会在项目四详细介绍。

## ❋ 四、产品原型设计

产品原型设计是综合考虑产品目标、功能使用场景、用户体验等因素，对产品的各个板块、界面和元素进行合理排序和布局的过程。为了使产品原型效果更加具体、形象和生动，还可以加入一些交互性的元素。因此，产品原型设计一般包括产品原型图设计、UI 设计、交互设计等。通常，互联网产品经理要与 UI 设计师、交互设计师配合完成低保真原型图和高保真原型图的制作。

### 1．产品原型图设计

简单地说，产品原型图只是产品设计成型之前的一个简单框架。对互联网产品来说，产品原型图就是将页面模块、各种元素进行排版和布局，获得一个大致的页面效果。

### 2．UI 设计

UI 设计是指在产品原型图的基础上，运用颜色、图形、图像等装饰元素，将美观的产品界面呈现给用户，这一阶段的产出物是 UI 效果图。为了保证较好的视觉效果，产品设计团队中会有专业的 UI 设计师，互联网产品经理则会在这一阶段辅助 UI 设计师进行 UI 设计。

### 3．交互设计

交互设计是指通过互动提升用户在使用产品过程中的感受，从而提高用户满意度。为了保证较好的交互效果，一些公司会设立专门的交互设计师岗位，交互设计师秉承以用户为中心的设计理念，在互联网产品经理的配合下完成交互设计，以提升用户体验。

关于产品原型设计的内容，将在项目五详细介绍。

## ❀ 五、产品开发和测试

在产品开发和测试阶段，互联网产品经理的主要工作是对开发项目的进度进行把控和协调。产品功能实现的过程主要分为开发和测试两个阶段。

### 1．开发阶段

开发团队根据产品需求文档进行技术调研、制定技术实施方案，再将前端制作好的页面进行代码合成。

### 2．测试阶段

产品开发完成后还不能立即上线，而是要先经过内部测试，即对其样式、功能和性能进行测试、验证，看它是否与最初的设想一致。样式测试主要测试产品样式是否兼容浏览器、JS 特效；功能测试主要测试产品的各项功能是否存在错误；性能测试主要测试产品的稳定性和安全性。

产品开发和测试阶段的产出物是一个具备各项功能、能让用户使用的产品。

关于产品开发和测试的内容，将在项目六详细介绍。

## ❀ 六、产品发布和推广

产品的开发和测试工作完成后，产品就可以正式发布上线了。但是对互联网产品经理来说，产品发布上线并不是结束，而是开始，因为只有用户下载、安装并使用产品，才可能为产品创造价值。

### 1．产品发布

产品发布就是将开发的产品发布出去，提供给在线用户使用。在产品上线前，互联网产品经理需要准备好产品物料，做好风险预控等。

### 2．产品推广

产品推广是指在互联网产品发布成功后，通过各种方式让用户了解到这款产品，提高产品的下载量或者装机量。常见的推广渠道包括线下推广渠道、信息流广告、搜索竞价广告等。在选取产品推广渠道时，不能盲目跟风，需要结合产品目标、用户所在、战略规划等因素进行选择。

关于产品发布和推广的内容，将在项目七详细介绍。

## ❋ 七、产品迭代

产品迭代是指对产品进行优化、升级、改版，使产品更好地满足用户需求，保持产品的竞争力。产品迭代，既可以源自产品发布后收集到的用户反馈意见、用户投诉等，也可以源自对产品的数据分析。例如，互联网产品经理从产品的使用情况、用户行为、产品性能等指标中找出需要改进的问题和机会，然后对产品进行迭代优化。

关于产品迭代的内容，将在项目八详细介绍。

##  任务二 了解互联网产品开发常用工具

在进行互联网产品开发时，互联网产品经理需要进行各类图表的绘制，如产品结构图、产品流程图、产品原型图等，还需要撰写相应的文档，如产品需求文档、市场需求文档等，下面介绍一些常用的工具。

微课资源

互联网产品开发常用工具

## ❋ 一、纸和笔

最传统的纸和笔在互联网产品原型设计中也可以发挥作用。例如，互联网产品经理可以用笔直接在纸上画出产品原型图，获得大致的原型效果，如图 2-2 所示。

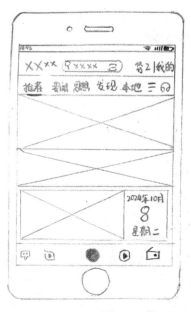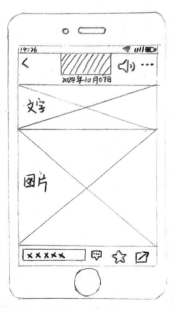

图 2-2　手绘产品原型图

## 二、Word

使用 Word 既可以撰写各类文档，也可以绘制产品结构图、产品流程图，还可以进行原型设计。例如，在 Word 中利用智能图形，可以快速绘制产品结构图，如图 2-3 所示。Word 使用门槛低，使用方便，不过其中的 Web 控件功能有限，且交互性较弱。

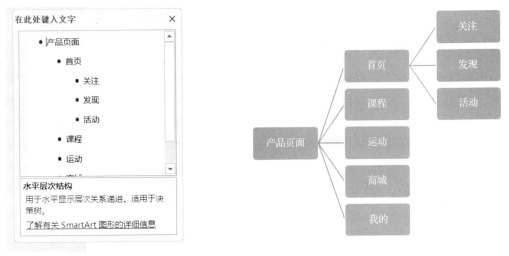

图 2-3　使用 Word 绘制产品结构图

## 三、Visio

Visio 是一款功能强大的图表和矢量图形应用，可以创建流程图、思维导图等多种图形（见图 2-4）。Visio 比 Word 更加便于操作，可以快速进行原型设计，但其表现力较弱，因此可用于设计一些简单的页面。

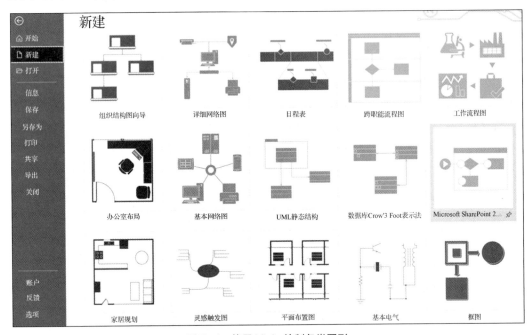

图 2-4　使用 Visio 绘制各类图形

##  四、Axure RP

Axure RP 是一款专业的快速原型设计工具。Axure 代表美国 Axure 公司，RP 则是 Rapid Prototyping（快速原型）的缩写。作为专业的原型设计工具，Axure RP 能快速、高效地创建原型，比一般用于创建静态原型的工具（如 Visio、Illustrator 等）更快速、高效，且支持 Windows 和 Mac 双系统。

## 任务三　掌握 Axure RP 11 的使用方法

目前专业的原型设计工具有很多，比较常见的有 Axure RP、墨刀等。这些工具不仅具有丰富的 Web 控件，而且交互性很好。Axure RP 是其中的佼佼者，下面将详细介绍 Axure RP 11 的安装和使用方法。

## ❋ 一、Axure RP 11 的安装与汉化

用户可以通过互联网下载 Axure RP 11 的安装程序和汉化包，安装并汉化后即可使用软件进行产品原型的设计、制作。

用户可以通过 Axure 官方网站下载最新版本的软件，其官方网站首页如图 2-5 所示。

图 2-5　Axure 官方网站首页

### 1. 软件的安装与登录

**步骤 01**　在下载的文件夹中双击 Axure RP-Setup.exe 文件，弹出"Axure RP 11 Setup"对话框，如图 2-6 所示。单击"Next"（下一步）按钮，进入图 2-7 所示对话框，认真阅读协议后，勾选"1 accept the terms in the License Agreement"（我接受使用协议的条款）复选框。

图 2-6 "Axure RP 11 Setup"对话框

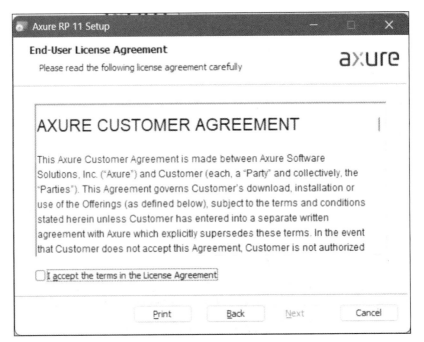

图 2-7 阅读并同意使用协议

**步骤 02** 单击"Next"（下一步）按钮，进入图 2-8 所示对话框，设置安装地址。单击"Change..."（改变）按钮即可更改软件的安装地址。单击"Next"（下一步）按钮，进入图 2-9 所示对话框，准备安装软件。

**步骤 03** 单击"Install"（安装）按钮，开始安装软件，如图 2-10 所示。之后，单击"Finish"（完成）按钮，即可完成软件的安装，如图 2-11 所示。如果勾选"Launch Axure RP 11"（打开 Axure RP 11）复选框，在完成软件安装后将会自动启动软件。

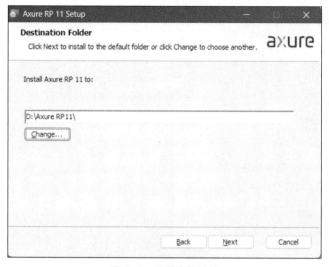

图 2-8　设置安装地址

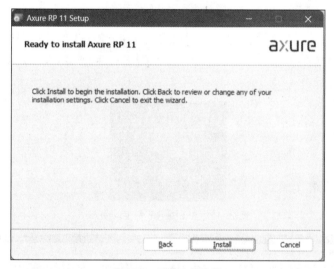

图 2-9　准备安装软件

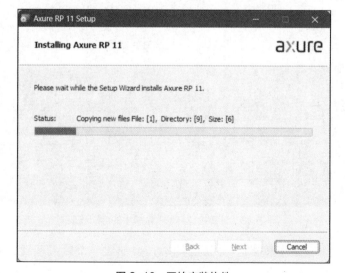

图 2-10　开始安装软件

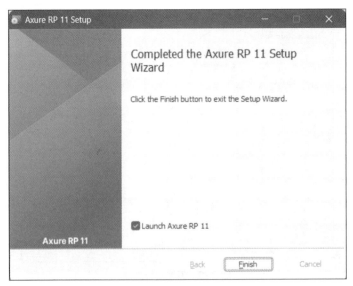

图 2-11　完成软件安装

　　软件安装完成后，用户可在计算机桌面上找到 Axure RP 11 的启动图标，如图 2-12 所示。Windows 系统用户也可以在计算机"开始"菜单中找到 Axure RP 11 的启动选项，如图 2-13 所示。

图 2-12　Axure RP 11 启动图标

图 2-13　计算机"开始"菜单中的启动选项

　　**步骤 04**　第一次启动软件时，系统会提示需要创建一个账号或者登录已有账号，如图 2-14 所示。

图 2-14　系统提示需要注册或者登录

**步骤 05**　单击"Create an account"（创建一个账号）按钮，进入注册页面。在 Email 输入框里输入邮箱地址，然后输入密码（不少于 8 个字符），单击"Sign up"（注册）按钮，如图 2-15 所示。

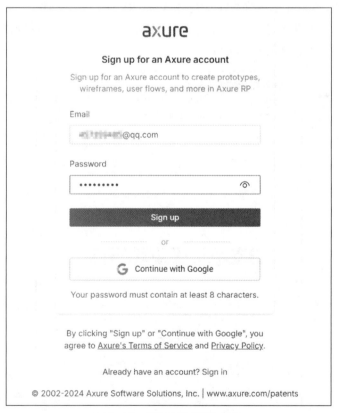

图 2-15　填写注册邮箱和密码

**步骤 06**　单击"Sign up"（注册）按钮后，系统会提示注册完成，浏览器会跳转到"Open Axure RP 11"（打开 Axure RP 11）的界面，如图 2-16 所示。

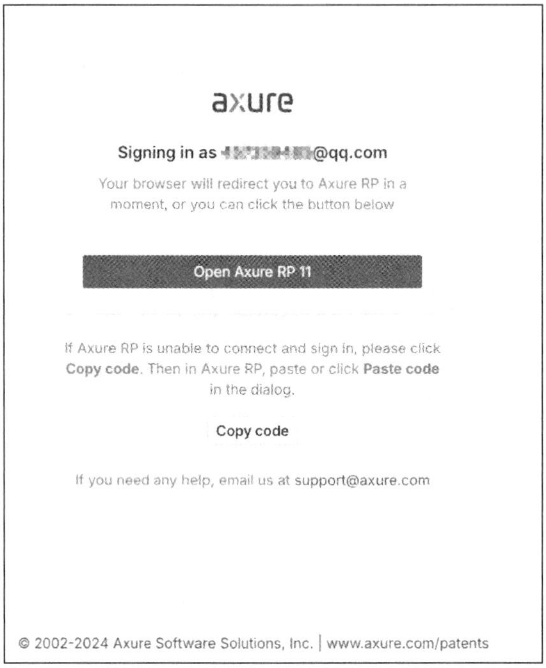

图 2-16  注册完成

**步骤 07**  单击"Open Axure RP 11"（打开 Axure RP 11）按钮，会有弹窗提示（见图 2-17），单击"打开"按钮，会进入软件启动界面（见图 2-18），再单击"Continue to trial"（继续试用）按钮，即可进入软件（见图 2-19）。

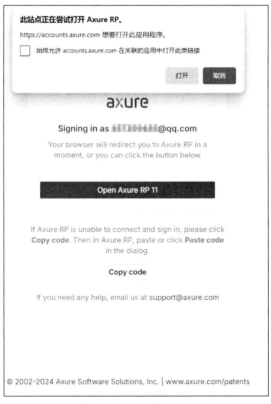

图 2-17  弹窗提示

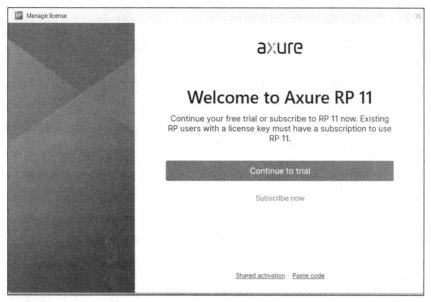

图 2-18　软件启动界面

图 2-19　进入 Axure RP 11

## 2．软件的汉化

用户可以通过互联网搜索并下载 Axure RP 11 的汉化文件。解压汉化文件，然后将其中的 lang 文件夹（见图 2-20）直接复制到 Axure RP 11 的安装目录下，重启软件后，即可完成软件的汉化。

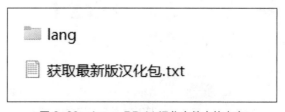

图 2-20　Axure RP 11 汉化文件中的内容

汉化完成后，重新启动软件，即可看到软件的中文版界面，如图 2-21 所示。

图 2-21　Axure RP 11 中文版界面

单击"新建空白文档"按钮，即可开始原型图的设计了。

# 二、Axure RP 11 的主要功能

使用 Axure RP 11，可以在不写任何一条 HTML 和 JavaScript 语句的情况下，通过创建文档及相关条件和注释，一键生成 HTML 演示页面。具体来说，用户可以使用 Axure RP 11 完成以下事项。

## 1．绘制网站架构图

使用 Axure RP 11 可以快速绘制树状的网站架构图，而且可以让网站架构图中的每一个页面节点直接连接到对应的网页，如图 2-22 所示。

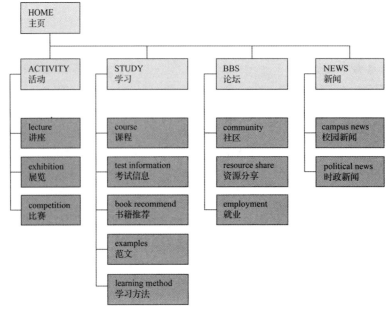

图 2-22　用 Axure RP 11 绘制的网站架构图

## 2．绘制示意图

Axure RP 11 自带很多常用的元件，如按钮、图片、文本、水平线及下拉列表等。使用这些元件，用户可以快速绘制各类示意图，如图 2-23 所示。

图 2-23　用 Axure RP 11 绘制的示意图

## 3．绘制流程图

使用 Axure RP 11 提供的流程图元件，用户可以轻松地绘制出流程图，如图 2-24 所示。

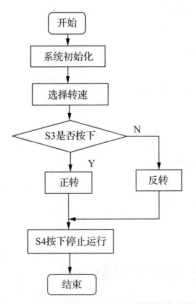

图 2-24　用 Axure RP 11 绘制的流程图

### 4．实现交互设计

Axure RP 11 可以模拟实际操作中的交互效果。通过使用"交互"面板中的各项动作，用户可以快速地为元件添加一个或多个事件及触发方式，包括打开链接、滚动到元件、移动等，如图 2-25 所示。

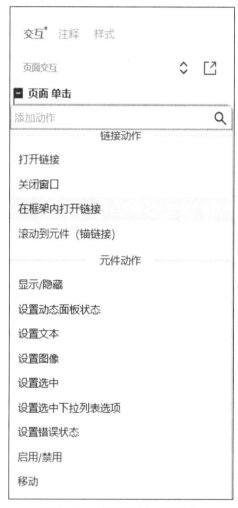

图 2-25　交互面板中的各种动作

### 5．输出网站原型

Axure RP 11 可以将线框图输出成符合 IE 或火狐等不同浏览器的 HTML 项目。

### 6．输出 Word 格式的文件

Axure RP 11 可以输出 Word 格式的文件，文件包含目录、网页清单、网页、附有注解的原版、注释、交互和元件特定的信息，以及结尾文件（如附录），文件的内容与格式也可以依据不同的阅读对象进行变更。

## ❈ 三、Axure RP 11 的工作界面

Axure RP 11 工作界面中的各区域如图 2-26 所示。

菜单栏 —→ 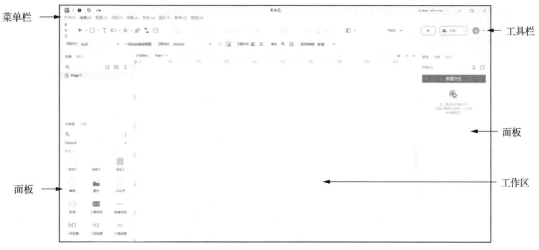 ←— 工具栏

←— 面板

面板 —→ ←— 工作区

图 2-26  Axure RP 11 工作界面中的各区域

## 1. 菜单栏

菜单栏位于工作界面的上方，按照功能划分为 9 个菜单，每个菜单中包含相应的操作命令，如图 2-27 所示。用户可以根据要执行的操作的类型在对应的菜单下进行选择。

| 文件(F) | 编辑(E) | 视图(V) | 项目(P) | 布局(A) | 发布(U) | 团队(T) | 账号(C) | 帮助(H) |

图 2-27  Axure RP 11 工作界面菜单栏

（1）文件菜单。该菜单下的命令可以实现文件的基本操作，如新建、打开、保存和打印等，如图 2-28 所示。

图 2-28  文件菜单

（2）编辑菜单。该菜单包含软件操作过程中的一些编辑命令，如复制、粘贴、全选和删除等，如图 2-29 所示。

图 2-29　编辑菜单

（3）视图菜单。该菜单包含与软件视图显示相关的命令，如工具栏、面板、重置视图和显示背景等，如图 2-30 所示。

图 2-30　视图菜单

（4）项目菜单。该菜单包含与项目有关的命令，如元件样式管理、全局变量和自适应视图预设等，如图 2-31 所示。

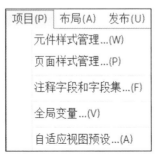

图 2-31　项目菜单

（5）布局菜单。该菜单包含与页面布局有关的命令，如组合、对齐和所有元件重新编号等，如图 2-32 所示。

图 2-32　布局菜单

（6）发布菜单。该菜单包含与原型发布有关的命令，如预览、预览选项和生成 HTML 文件等，如图 2-33 所示。

图 2-33　发布菜单

（7）团队菜单。该菜单包含与团队协作有关的命令，如从当前文件创建团队项目、获取和打开团队项目等，如图 2-34 所示。

（8）账号菜单。该菜单的命令可以帮助用户登录 Axure 的个人账号，获得 Axure 的专业服务，如图 2-35 所示。

| 团队(T) | 账号(C) | 帮助(H) |
| --- | --- | --- |

从当前文件创建团队项目...(C)

获取和打开团队项目...(A)

获取所有变更(G)

提交所有变更(S)

检出所有(O)

检入所有(I)

撤销所有检出(U)

从服务器获取变更(F)

提交变更到服务器(T)

检出(H)

检入(N)

撤销检出(D)

浏览团队项目历史记录...(B)

邀请用户...(V)

重新指定团队项目位置...(R)

图 2-34　团队菜单

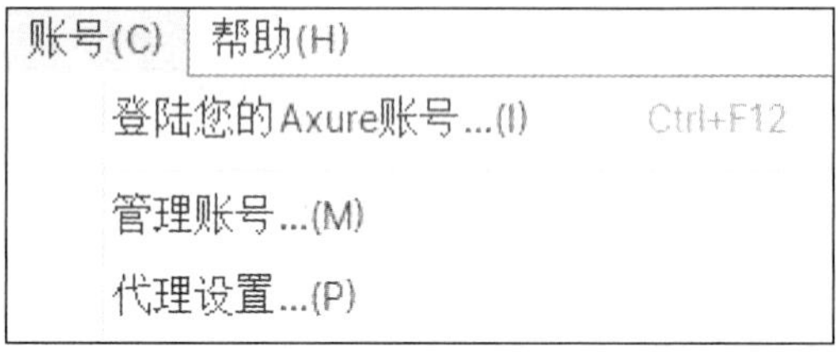

| 账号(C) | 帮助(H) |
| --- | --- |

登陆您的Axure账号...(I)　　　Ctrl+F12

管理账号...(M)

代理设置...(P)

图 2-35　账号菜单

（9）帮助菜单。该菜单包含与帮助有关的命令，如入门指南、使用介绍、在线培训和查找在线帮助等，如图 2-36 所示。

帮助(H)

入门指南...(G)

使用介绍...(P)

联系支持...

查看故障诊断日志...

在线培训...(O)　　　F1

快捷键...(K)

查找在线帮助...(S)

进入Axure论坛...(F)

欢迎界面...(W)

管理授权...(M)

检查更新...(C)

关于Axure RP...(A)

致谢...(T)

图 2-36　帮助菜单

## 2. 工具栏

Axure RP 11 的工具栏由基本工具和样式工具两部分组成，如图 2-37 所示。

图 2-37 工具栏

依次单击"视图—工具栏—定制主工具栏"选项，用户根据自己的使用习惯，勾选常用工具，就可以自定义工具栏了，如图 2-38 和图 2-39 所示。

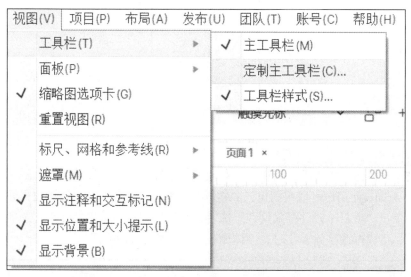

图 2-38 单击"视图—工具栏—定制主工具栏"选项

图 2-39 勾选常用工具

（1）矩形。矩形工具组如图 2-40 所示，用户可以选择在原型图中插入矩形、椭圆、形状、图像和便签等。

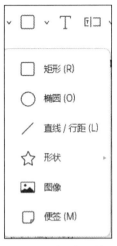

图 2-40　矩形工具组

（2）文本。使用文本工具，用户可以在原型图中插入文字。在使用 Axure RP 11 时，默认的字体是 Arial，而用户可以根据自己的需求修改默认字体样式。具体的操作步骤是，在顶部菜单栏中单击"项目—元件样式管理"选项，在下拉列表中单击"文本"选项，修改右侧的样式属性，可以修改字体、字号、字体颜色等，如图 2-41 所示。

图 2-41　修改文本样式属性

（3）文本框。使用文本框工具组可以插入文本框（单行）、文本框（多行）、下拉列表框、列表选择框、复选框和单选按钮，如图 2-42 所示。

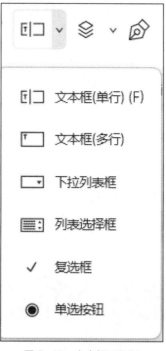

图 2-42　文本框工具组

（4）动态面板。动态面板工具组包括动态面板、中继器、内部框架、图像热区和快照，如图 2-43 所示。

图 2-43　动态面板工具组

（5）钢笔工具。选择钢笔工具后，用户可以在原型图中任意绘制图形，如图 2-44 所示。

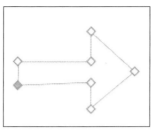

图 2-44　使用钢笔工具绘制图形

（6）连接线。在不同元件之间绘制连接线，可以把各元件连接起来，如图 2-45 所示。

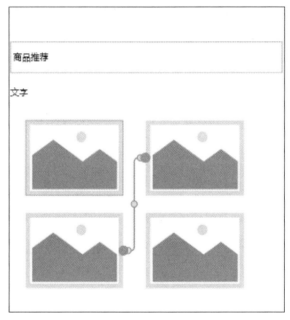

图 2-45　用连接线连接不同元件

（7）快速插入。使用快速插入工具，用户可以快速搜索元件、元件库、工具和母版，也可以快速设置属性，如图 2-46 所示。需要说明的是，快速插入工具是 Axure RP 11 的新增工具，在工作区输入"/"，也能达到一样的效果。

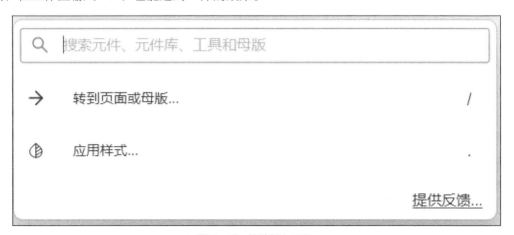

图 2-46　快速插入工具

（8）分割。分割工具常用来切割图片，俗称"切图"。Axure RP 11 提供了 3 种切图模式，即十字架切割、水平切割和垂直切割。选中图片，单击分割工具按钮，或者用鼠标右键单击，在弹出的菜单中选择"分割"按钮，这时图片上方会出现十字架虚线，十字架交叉处即为切点。移动鼠标，切点会随鼠标一起移动。单击完成切图，原来的一幅图片就被分割成了 4 幅图片，如图 2-47 所示。

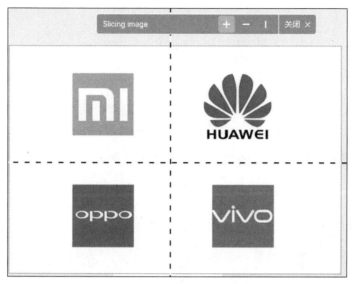

图 2-47　使用分割工具切图

在分割模式下，用户可以根据实际需求，单击右上角状态栏中的水平线或垂直线，选择水平切割或垂直切割。切割完成后，单击右上角状态栏中的"关闭"按钮，即可退出切割模式。

（9）裁剪。单击裁剪工具后，黑色虚线框内的为保留区，单击"确认"按钮即可保留选定区域，删除选定区域以外的部分，如图 2-48 所示。

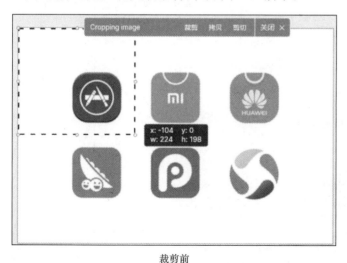

裁剪前　　　　　　　　　　　　　　　　　　裁剪后

图 2-48　使用裁剪工具裁剪图片的效果

（10）编辑控制点。选中某个元件，使用编辑控制点工具，可以选择图形上任意一个控

制点进行拖曳，调整控制点的位置。例如，编辑图 2-44 所示的用钢笔工具绘制的图形的控制
点，可以得到如图 2-49 所示的效果图。

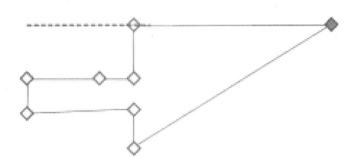

图 2-49　编辑用钢笔工具绘制的图形的控制点

（11）置于顶层和置于底层。使用置于顶层 ⚏ 和置于底层 ⚐ 工具，可以快速调整图层
所处的位置。

（12）组合与取消组合。使用组合 ⚏ 工具，可以将不同的图形、元件等进行组合，如
图 2-50 所示；使用取消组合 ⚐ 工具，就是进行组合的反向操作。

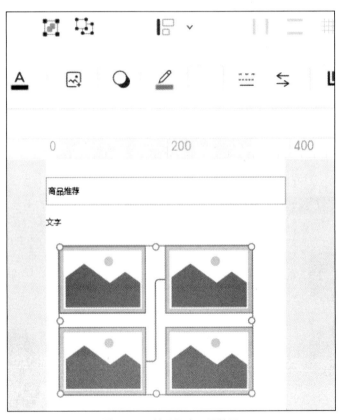

图 2-50　使用组合工具效果

（13）对齐。Axure RP 11 支持的对齐方式包括左对齐、上下居中对齐、右对齐、顶部对
齐、左右居中对齐和底部对齐，如图 2-51 所示。

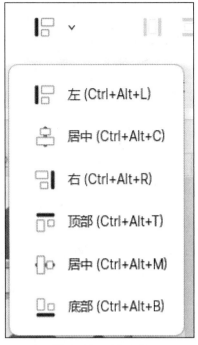

图 2-51　对齐方式

（14）布局。Axure RP 11 支持 3 种布局方式，分别是纵向布局▐▌、横向布局▤和按照网格布局▦。

其中，使用按照网格布局工具，可以使选中的元件按照网格进行整齐排列，如图 2-52和图 2-53 所示。

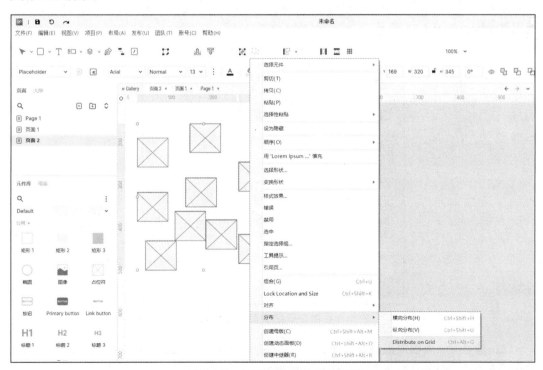

图 2-52　使用按照网格布局工具前

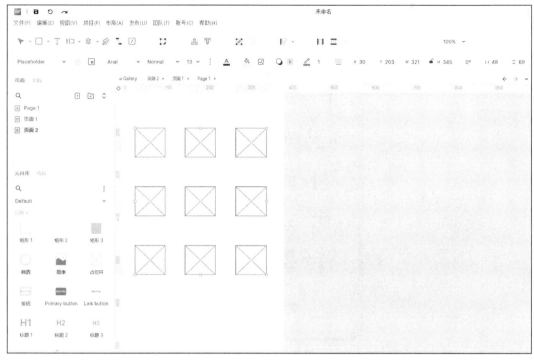

图 2-53　使用按照网格布局工具后

## 3．面板

Axure RP 11 一共为用户提供了 7 个功能面板，分别是页面、概览、元件库、母版、样式、交互和注释。默认情况下，这 7 个面板分为两组，分别排列于工作区的两侧。

（1）页面。在该面板中，用户可以完成有关页面的所有操作，如新建页面、删除页面和查找页面等，如图 2-54 所示。

图 2-54　页面面板

（2）概览。该面板中主要显示当前面板中的所有元件，如图 2-55 所示。用户可以很方便地在该面板中找到相应元件并对其进行各种操作。

图 2-55　概览面板

（3）元件库。该面板中包含 Axure RP 11 的所有元件，如图 2-56 所示，用户还可以在该面板中完成元件库的创建、下载和导入。

（4）母版。该面板用来显示页面中所有的母版文件，如图 2-57 所示，用户可以在该面板中完成各种有关母版的操作。

图 2-56　元件库面板

图 2-57　母版面板

（5）交互。用户可以在该面板中为元件添加各种交互效果，如图 2-58 所示。

图 2-58　交互面板

（6）注释。用户可以在该面板中为元件添加注释，以帮助他人理解原型的功能，如图 2-59 所示。

图 2-59　注释面板

（7）样式。该面板的内容会根据当前所选内容发生改变，如图 2-60 所示。大部分元件的效果样式设置都可以在该面板中完成。

图 2-60　样式面板

对于页面、概览、元件库和母版 4 个面板而言，在面板名称上双击，或者单击"折叠"按钮，即可实现面板的展开和收缩，如图 2-61 所示。这样便于在不同情况下最大化地显示某个面板，方便用户操作。拖曳面板组的边界，可以任意调整面板的宽度，获得令人满意的视图效果，如图 2-62 所示。

图 2-61　面板收缩效果

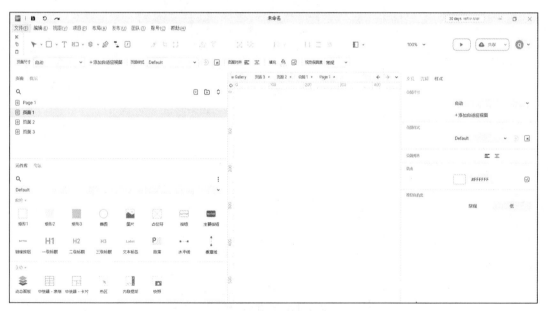

图 2-62　拖曳调整面板宽度

将鼠标指针移动到面板名称处，按住鼠标左键拖曳，即可将面板转换为浮动状态，如图 2-63 所示。拖曳一个浮动面板到另一个浮动面板上，即可将两个面板合并为一个面板组，如图 2-64 所示。用户可以根据自己的操作习惯自由组合面板，以获得更易于操作的工作界面。

图 2-63　拖曳创建浮动面板

图 2-64　创建面板组

　　单击浮动面板或面板组右上角的"关闭"按钮，即可关闭当前浮动面板或面板组。拖曳浮动面板或面板组顶部的灰色位置到工作界面的两侧，可将该浮动面板或面板组转换为固定状态。

如果想要再次显示关闭后的浮动面板或面板组，用户可以执行"视图—面板"命令，在菜单中选择想要显示的面板，如图 2-65 所示。

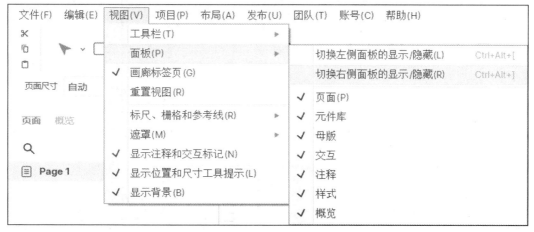

图 2-65　执行命令显示面板

用户有时会需要更大的空间显示产品原型，这时可以通过执行"视图—面板—切换左侧面板的显示/隐藏"或"视图—面板—切换右侧面板的显示/隐藏"命令，隐藏左右两侧的面板，效果如图 2-66 所示。再次执行相同的命令，则会将隐藏的面板显示出来。

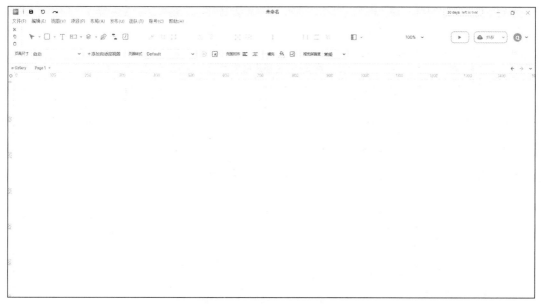

图 2-66　隐藏左右两侧面板效果

## 4．工作区

工作区是 Axure RP 11 创建产品原型的地方。当用户新建一个页面后，在工作区的左上角会显示页面的名称，如图 2-67 所示。如果用户同时打开多个页面，工作区则会以卡片的形式将所有页面排列在一起，如图 2-68 所示。

当页面过多时，用户可以单击工作区右上角的"选择和管理标签页"按钮，并在弹出的下拉菜单中选择相应的命令，执行"关闭标签页""关闭所有标签页""关闭除当前标签页以外的其他标签页"等操作，如图 2-69 所示。

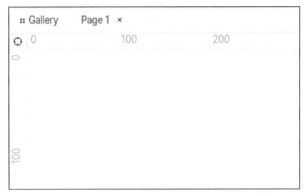

图 2-67　新建页面显示

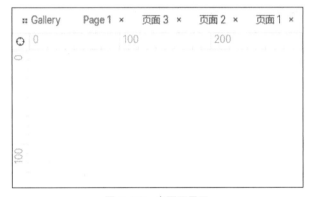

图 2-68　多页面显示

图 2-69　在"选择和管理标签页"执行命令

# ❋ 四、自定义工作界面

不同用户的操作习惯各不相同，Axure RP 11 为了照顾所有用户的操作习惯，允许用户根据个人喜好自定义工具栏和工作面板。

## 1．自定义工具栏

工具栏由主工具栏和样式工具栏两部分组成。执行"视图—工具栏"命令，取消对应选项的选择，即可将该工具栏隐藏，如图 2-70 所示。

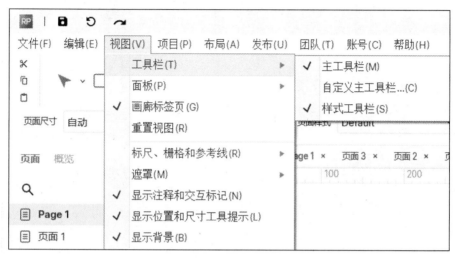

图 2-70　自定义工具栏

## 2．自定义工作面板

用户可以通过执行"视图—面板"命令，选择需要显示的面板。具体的操作方法已经在前文讲过，此处不再赘述。

用户可以通过执行"视图—重置视图"命令（见图 2-71），将操作造成的混乱视图重置为最初默认的界面布局视图。

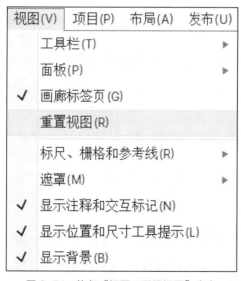

图 2-71　执行"视图—重置视图"命令

### 3．使用单键快捷键

在 Axure RP 11 中，用户可以使用单键快捷键更迅速地完成产品原型的设计与制作。具体操作方法是，先按键盘上的一个字母键，即单键快捷键，然后在工作区单击并拖动，这样即可生成相应类型的元件。

Axure RP 11 支持的单键快捷键有 R（矩形）、O（椭圆）、M（便签）、T（文本）、F（文本框）等。

执行"文件—偏好设置"命令，弹出"偏好设置"对话框，切换到"常规"选项卡，可以选择取消勾选"启用单键快捷方式"复选框，如图 2-72 所示。关闭该功能后，单键快捷键即无法使用。

图 2-72　取消勾选"启用单键快捷方式"复选框

## ❋ 五、使用 Axure RP 11 的帮助资源

用户在使用 Axure RP 11 的过程中，如果遇到问题，可以通过"帮助"菜单（见图 2-73）寻求解答。

初学者可以执行"帮助—在线培训"命令，进入 Axure RP 的教学频道，跟着网站视频学习软件的使用方法。

执行"帮助—查找在线帮助"命令，可以解决一些操作中遇到的常见问题。

执行"帮助—进入 Axure 论坛"命令，可以快速加入 Axure 论坛，与世界各地的 Axure RP 用户分享软件使用心得。

如果用户在使用软件的过程中遇到一些软件错误，或者想提出一些建议，可以执行"帮助—联系支持"命令，在"联系支持"对话框（见图 2-74）中输入相关信息，将意见和错误发送给软件开发者，以共同提高软件的稳定性和安全性。

图 2-73 "帮助"菜单

图 2-74 "联系支持"对话框

执行"帮助—欢迎界面"命令，可以再次打开"欢迎使用 Axure RP 11"界面（见图 2-75），方便用户快速创建和打开文件。

图 2-75 "欢迎使用 Axure RP 11"界面

 **项目小结**

本项目带领读者了解了互联网产品的开发流程，以及 Axure RP 11 的基础知识，对 Axure RP 11 的下载和安装方法、主要功能、工作界面等进行了深度剖析。在帮助读者了解和熟悉 Axure RP 11 工作界面的同时，本项目也针对优化和自定义其工作界面进行了详细的介绍，为后面内容的学习打下基础。

 **过关测试**

**单项选择题**

1. 产品构想主要来源于 4 个方面，分别是观察生活、用户反馈、（　　　）、公司战略布局或投资人的判断。

    A. 竞品启示　　　　　　　　　　　　B. 数据挖掘

    C. 凭空猜测　　　　　　　　　　　　D. 用户访谈

2. 在完成产品构想后，还要对产品需求进行更广泛、更深入的分析和论证，一般包括用户研究和（　　　）研究。

    A. 问卷　　　　　　B. 市场　　　　　　C. 访谈　　　　　　D. 效果

3. 关于产品规划，下列说法正确的是（　　　　）。

    A. 产品规划可以随时进行，不需要等待需求分析验证通过

    B. 产品规划主要包括产品结构设计和产品流程设计

    C. 产品流程设计就是绘制产品功能或页面的基本框架

    D. 产品结构设计指的是绘制能够明确产品操作环节和转换关系的图

4. 关于产品原型设计，下列说法正确的是（　　　　）。

    A. 产品原型设计是综合考虑产品目标、功能使用场景、用户体验等因素，对产品的各个板块、界面和元素进行合理排序和布局的过程

    B. 产品原型设计是完全由互联网产品经理一个人完成的事项

    C. 在产品原型设计中，只需要展示排版布局，不需要考虑交互设计

    D. 在产品设计阶段，始终需要制作高保真原型图才能满足要求

5. 互联网产品开发流程包括产品构想、（　　　　）、产品规划、产品原型设计、产品开发和测试、产品发布和推广、产品迭代几个环节。

    A. 产品需求分析　　　　　　　　　B. 产品测试

    C. 产品调研　　　　　　　　　　　D. 用户访谈

## 拓展阅读

### 微信红包的诞生

    微信红包是怎么设计出来的？其实，它的灵感来源于腾讯线下发红包的传统。腾讯多年的传统，就是每年春节假期结束后第一天上班，大家排队去领导那儿领红包，员工从一楼一直排到总经理办公室门口。有多夸张呢？有的员工甚至凌晨三四点就去排队占位了。腾讯的管理层几乎都要在这一天给团队成员发红包。

    但是，发红包遇到了两个困难。第一，发红包是一件时间和金钱成本都很高的事情，得提前准备一大堆红包，还得一个一个发。要知道，腾讯当时有 3 万人，深圳腾讯大厦就有几千人。第二，发多少也是一个问题，发太少会被人说小气，但即使每人发 20 元，加起来也是一笔不少的钱了。

    怎么办呢？这时有了随机红包，不是一个一个地进来领，而且一堆人一起进来，红包有大有小，拿到多少就看每个人的手气了。抢到大红包的人会特别开心，口碑传播很快。这就是微信红包设计的来源。为什么微信红包可以火？最大的原因是，不止抢的人开心，发的人也很开心，能获得精神满足。

    第一个版本的微信红包是利用微信公众号做的，当时只是一个尝试，没有想过做很强大的产品，因为此前的红包产品一直都不温不火。做出来后也没有正式发布，大家自己玩，而且玩得特别开心。有一些员工不小心把微信红包发到了微信群和朋友圈，结果成了第一颗开始蔓延的种子，在短时间内就引爆了流量。

    2015 年绝对是微信红包的超级里程碑时期，也是微信支付的超级里程碑时期，微信红包彻底引爆了流量。2015 年，腾讯跟春晚合作微信"摇一摇"红包，春晚直播期间微信摇一摇

的互动量就超过 1 亿次。

春节过完以后，又出现了几个微信红包使用的峰值。一个波峰是"5·20"，用户自发地开始发 520 元的红包。另一个波峰是七夕，用户开始发 7.7 元的红包。

慢慢地，人们发现，其实微信红包不是传统意义上的只会在春节或婚庆、生日等特殊时期发给亲朋好友的礼金，而是一个社交工具。即便是在日常生活中，用户也会自己设计出各种各样的场景来发送微信红包。

到了 2016 年，微信红包的火爆从一、二线城市迅速蔓延到了三、四线城市。很多人说爸妈在春节期间最新的娱乐就是一边搓麻将，一边发红包和抢红包。

从一个生活中的场景和点子，变成一个成功的互联网产品，类似于微信红包这样成功的故事还在继续上演。

项目三

# 开启产品需求分析

## 项目导读

产品需求分析是互联网产品开发中非常关键的环节，好的产品需求分析能够帮助设计者准确理解用户的需求和想法，是确保产品能够满足市场和用户需求的前提，也是后续开展产品原型设计、产品开发和测试、产品发布和推广等工作的基础。在一定程度上，产品需求分析的好坏直接决定了产品的成败。那么，该如何做好产品需求分析呢？本项目将介绍产品需求的定义，并从用户分析、市场分析和竞品分析 3 个方面介绍产品需求分析的方法。

## 学习目标

➤ **知识目标**

1. 了解互联网产品需求。
2. 掌握用户分析的方法。
3. 掌握市场分析的方法。
4. 掌握竞品分析的方法。

➤ **能力目标**

1. 能够运用用户访谈法和问卷调查法进行用户分析。
2. 能够运用 PEST 和 SWOT 模型进行市场分析。
3. 能够进行竞品分析。
4. 能够运用 KANO 模型对产品需求进行排序。
5. 能够撰写商业需求文档和市场需求文档。

➤ **素质目标**

1. 具备较强的数据思维和数据分析能力。
2. 具有较强的观察力和思辨能力，对市场环境和行业环境具有敏锐的感知力。
3. 培育实事求是的精神，能够对用户、市场、竞品等数据进行客观分析，不弄虚作假。
4. 树立法治思维，在互联网产品开发的过程中始终坚持合法合规行事。

## 任务一　把握需求的定义和本质

### ❋ 一、马斯洛需求层次理论及其启示

人的需求是多种多样的。最基础的需求是生理需求，它来源于人的本能，如饿了要吃饭、渴了要喝水等。但在现实生活中，人更多的需求来源于其想改变世界和改变自我的自主性，如有人想通过健身保持身材，有人想通过打扮时尚被人夸赞。美国著名心理学家亚伯拉罕·马斯洛提出了需求层次理论，如图 3-1 所示。

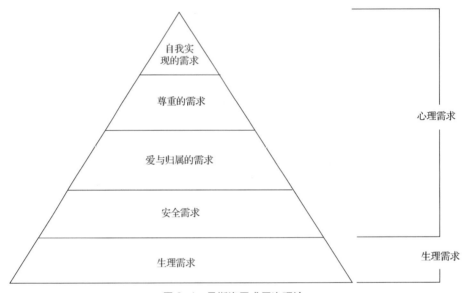

图 3-1　马斯洛需求层次理论

马斯洛把人类的需求像阶梯一样从低到高分为 5 种，分别是生理需求、安全需求、爱与归属的需求、尊重的需求和自我实现的需求，他认为需求是由低到高逐级形成并得到满足的。

#### 1．生理需求

生理需求指人维持自身生存的最基本需求，是级别最低、最具优势的需求，如对食物、水、空气、健康等的需求。

#### 2．安全需求

安全需求同样属于低级别的需求，包括对人身安全、生活稳定及免遭痛苦、威胁或疾病等的需求。

#### 3．爱与归属的需求

爱与归属的需求属于较高层次的需求，指人要求与他人建立情感联系，以及隶属于某一群体并在群体中享有地位的需求。

#### 4．尊重的需求

尊重的需求也属于较高层次的需求，如对成就、名声、地位和晋升机会等的需求。尊重

的需求既包括对自身取得的成就或价值的自我认同，也包括他人对自己的认可与尊重。

### 5．自我实现的需求

自我实现的需求是最高层次的需求，指人希望最大限度地发挥自身潜能，不断完善自己，完成与自己的能力相称的一切事情，实现自己的理想。

在马斯洛看来，需求由低级向高级的发展是波浪式推进的，在低一级的需求没有完全满足时，高一级的需求就产生了；而当低一级需求的高峰过去但没有完全消失时，高一级的需求就逐步增强，直到占绝对优势。

在理解马斯洛的需求层次理论时，我们需要注意以下几点。

第一，不同层次的需求之间的次序感和关联性并不显著。人的需求存在不同的层次，且人们一般是先解决温饱问题，再去考虑爱与归属、尊重等心理需求。但是，人并不是只有在满足了低级需求之后才去追求高级需求的满足，不同层次的需求之间没有必然的先后顺序。

第二，人的需求会受时间、空间的影响而发生改变。例如，一个人从学生变为职场人，从家乡到另一个城市，其需求自然会发生一些转变。

第三，有的需求是与生俱来的，有的需求则需要引导和培育。例如，吃饭是人的本能需求，但吃什么、去哪家餐馆吃却可以由环境和人群引导；以衣蔽体是人的本能需求，但穿衣的风格、对品牌的选择却会受到市场或网络风尚的影响。

通过上面的描述，互联网产品经理可以获得一些启示。一方面，分析产品需求时，一定要定位好目标受众，因为不同受众的需求大相径庭，如果没有找准目标受众，产品需求分析就会偏离方向。另一方面，要想成为一名优秀的互联网产品经理，既要着眼于当下满足用户的需求，也要放眼未来引导用户的需求。

## 二、产品需求分析的本质

微课资源

产品需求分析

在互联网产品开发中，用户需求和产品需求是两个概念。简单来说，用户需求是用户想要什么，即用户站在自己的角度，对产品提出自己的诉求，希望产品达到自己期待的效果。产品需求则是我们的产品要怎样才能满足用户需求，是互联网产品经理站在产品的角度，对流程、功能等进行新增和完善，使用户可以更好地完成特定操作。

从用户提出的需求出发，挖掘用户真正的需求并将其转化为产品需求的过程就是产品需求分析，如图 3-2 所示。

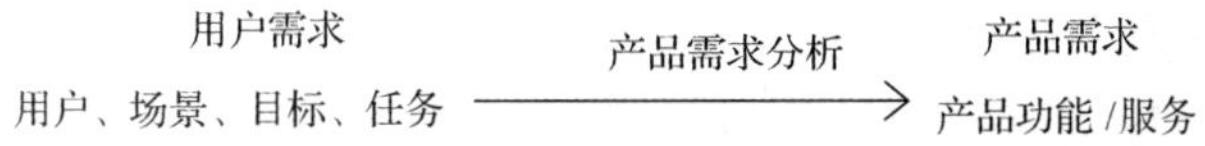

用户需求 ——产品需求分析——> 产品需求
用户、场景、目标、任务 ——————————> 产品功能/服务

图 3-2　产品需求分析

在进行产品需求分析时，经常被提起的三个词是"满足需求""迎合需求"和"创造需求"。满足需求是产品需求分析的初级阶段，对应的是相对稳定的市场环境。当用户需求变得复杂且多元化时，就需要去迎合他们的需求。创造需求则是更高层次的产品设计理念，互联网产品经理能够前瞻性地做未来产品构想，并且引导用户的使用习惯。以手机为例，在满足需求阶段，各大手机厂商主要比拼的是谁的产品信号强、电池耐用、抗摔等；在迎合需求阶段，各大厂商的产品在音乐播放、拍照等方面进行革新，以吸引用户，抢占市场；创造需

求则需要有前瞻性的思想并进行大胆创新，苹果公司就频频创造需求，制造出 iPhone 与 iPad 等产品，重新设定了市场规则，成为智能手机浪潮的引领者。

此外，谷歌在人工智能领域的探索、小米对性价比手机的研发等，都是创造需求的典型案例。这些创新者率先提出功能创新点，然后去培育、引导用户的潜在需求，创造一套"游戏规则"，引领行业及市场逐步跟进。

# 任务二 通过三种渠道获取需求

产品需求分析通常需要回答 3 个问题："要做什么事""这件事值不值得做""这件事应该怎么做"。第一个问题是为了确定用户有什么需求和痛点，对应的是用户分析。第二个问题是为了确定市场规模有多大，有没有市场机会或盈利空间，对应的是市场分析。第三个问题是为了做出有竞争力或者微创新的产品，对应的是竞品分析。当计划开发一款新产品时，互联网产品经理需要对用户情况、市场环境和竞品情况分别进行具体分析，由此验证有关新产品的想法的合理性。

## 一、从用户分析中获取需求

产品需求分析的核心是要聚焦到产品的目标用户，深入分析用户的痛点和需求。可以采用用户访谈、问卷调查等方式获取用户需求，并在满足主流用户需求的基础上做出微创新，推动用户完成自身需求的更高层次的满足。

### 1．用户访谈法

用户访谈的形式通常是围绕一个特定的话题，与用户进行一对一的聊天，通过聊天发现用户需求。用户访谈一般在产品开发初期进行，互联网产品经理通过近距离接触用户，收集用户需求，从用户的角度出发，确定产品的研发方向。下面对用户访谈的相关知识进行讲解。

（1）用户访谈的方式

用户访谈的方式分为两种，一种是直接方式，即直接与目标用户接触；另一种是间接方式，即与其他熟悉目标用户或者与目标用户有所接触的人员（如同事、朋友等）协作，获取信息。在进行用户访谈之前，一定要明确访谈的目的，并设计访谈提纲，以保证用户访谈顺利进行。

（2）用户访谈的流程

用户访谈一般包括以下 6 个环节。

① 确定访谈形式。访谈形式一般包括面对面访谈、电话访谈等。如果是面对面访谈，访谈者需要注意自己的形象。针对互联网产品的面对面访谈，访谈者的着装通常可以较为随意，以便表现出较强的亲和力。

② 明确访谈目的。访谈目的就是为什么要进行访谈。互联网产品经理需要在有明确访谈目的的前提下与用户进行沟通，从而挖掘用户的需求。

③ 设计访谈提纲。明确访谈目的后，互联网产品经理要编写访谈提纲。访谈提纲可以围绕现状、痛点、方案 3 个方面进行设计。现状是指现在是如何做的，痛点是指遇到了什么困难，方案则是要回答如何解决目前的困难。访谈提纲十分重要，一方面，它可以帮助互

联网产品经理控制节奏。有的用户会滔滔不绝，如果没有一条访谈的主线，访谈很可能会被带偏，甚至令互联网产品经理无法获得想要的信息。另一方面，精细的筹划和准备也可以让用户感受到被尊重。

④ 用户筛选和邀请。在邀请用户时，尽可能根据对产品的需求程度邀请相关的用户，且选择用户熟悉的场景进行访谈，这样可以让用户更加放松，获取的信息准确度也会更高。

⑤ 现场访谈。在开始真正的访谈之前，互联网产品经理一般会首先说明自己的身份、访谈目的、希望用户扮演的角色等，这样能在一定程度上避免访谈在中途偏离主题。在访问时，互联网产品经理要认真做记录，听取用户的意见和建议。如果用户明显偏离主题或有欺骗性的回答，互联网产品经理可以根据情况调整访谈时间，甚至礼貌地提前结束访谈。

⑥ 结果汇总与分析。完成访谈后，互联网产品经理要及时整理访谈记录，认真填写用户访谈记录表，并对访谈内容进行分析，得出结论，如用户遇到了哪些问题，为什么会遇到这些问题，我们的产品该如何解决此问题等。

**2．问卷调查法**

问卷调查法的关键是设计调查问卷。调查问卷又称调查表或询问表，是以问题的形式系统记载调查内容的一种印件。良好的调查问卷必须具备两个功能：一是能将问题传达给被访者，二是使被访者乐于回答。下面针对调查问卷的发放方式、组成部分和设计技巧进行讲解。

（1）调查问卷的发放方式

调查问卷可分为纸质调查问卷和网络调查问卷。纸质调查问卷就是传统的调查问卷，调查公司一般会雇人来分发并回收问卷。纸质调查问卷的制作和人力成本比较高。网络调查问卷是通过在线问卷调查平台制作的线上问卷，它的制作和使用都比纸质调查问卷更方便。在互联网时代，出现了越来越多的在线问卷调查平台，如问卷星（见图3-3）、腾讯问卷（见图3-4）等。

图 3-3 问卷星"应用展示"界面

图 3-4 腾讯问卷官方首页

（2）调查问卷的组成部分

一般情况下，调查问卷由 4 部分组成，分别是标题、导语、作答者基本信息和主体内容。

① 标题。标题应遵循明确、简洁的原则。例如，《大学生课堂作业软件需求调查》《××软件用户满意度调查》等。

② 导语。导语要对调查问卷中的一些问题进行介绍，让作答者对下面的问题有心理准备，以免出现其对问题理解不清的状况。导语的内容主要包括调查者的身份、此次调查的目的等。

③ 作答者基本信息。作答者基本信息通常包括性别、年龄、职业等。

④ 主体内容。主体内容包括提前设置好的各种问题。

图 3-5 所示为利用腾讯问卷生成的一份调查问卷。

为了提高调查问卷的制作效率，方便操作，各在线问卷调查平台都提供了一些模板，以及单选、多选、打分、填空等多种题型，在实际应用中，用户可以参考模板进行具体调整。除此之外，用户还可以轻松生成二维码或者链接，将其分享出去即可邀请相关人员填写。调查结束后，平台也会自动统计问卷调查结果，十分便捷。

（3）调查问卷的设计技巧

设计调查问卷时，需要遵循以下 5 个原则。

① 每个问题只涵盖一个观念，以免作答者顾此失彼。例如，"当遇到挫折时，你是会选择放弃，还是会尝试用新的方法去解决？"这个问题就涵盖了"选择放弃"和"尝试用新的方法去解决"两个观念，因此最好将其改为两个问题："当遇到挫折时，你是否会选择放弃？""当遇到挫折时，你是否会尝试用新的方法去解决？"

② 不用假设或猜测的语句。例如，"假如你有 200 万元，你会投身公益事业吗？"对于这种假设性问题，作答者有非常大的想象空间，以至于所得到的结果不易归纳和解释，在实际应用中价值不高。

③ 问题按逻辑排列。问题的排列应有一定的逻辑顺序，如先易后难、先具体后抽象，这样比较符合作答者的思维习惯。如果第一个问题就是"你对这个 App 有什么意见或建议？"，作答者就会毫无头绪，从而更有可能放弃作答。

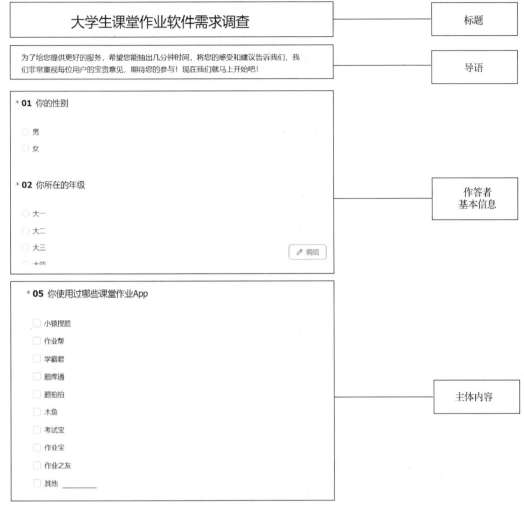

图 3-5　调查问卷示例

④ 语言通俗易懂。问题的表述应力求清楚明了、简单易懂，避免使用专业术语，应符合作答者的理解能力和认知能力，不要让作答者误解，并尽量使作答者能节省作答时间。

⑤ 控制调查问卷所需的作答时间。通常作答者在填写调查问卷时，都不希望花太多时间。假如调查问卷的问题简单清楚、一目了然，作答者的配合度就会较高；反之，若问题复杂又冗长，作答者则可能会应付了事。回答调查问卷的总时间应控制在 20 分钟以内。

## 二、从市场分析中获取需求

市场分析是对市场容量、市场规模及市场特性等相关内容进行实事求是的经济分析及预测。一方面，要进行宏观环境分析，常用的模型有 PEST 模型。另一方面，要进行企业自身情况分析，常用模型有 SWOT 模型。

### 1. 用 PEST 模型进行宏观环境分析

PEST 模型是指从政治（Political）、经济（Economic）、社会（Social）和技术（Technological）这 4 类影响企业的主要外部环境因素出发，对外部宏观环境进行分析的一种实用分析模型，如图 3-6 所示。

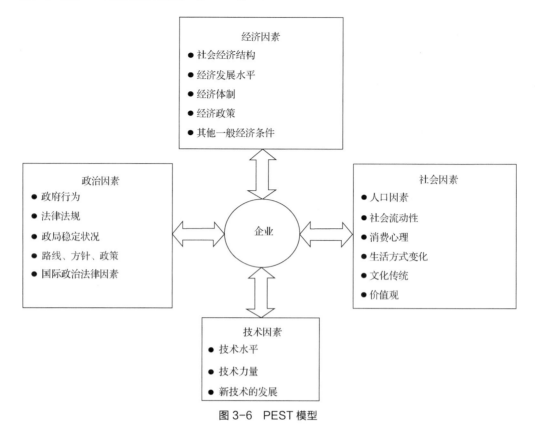

图 3-6　PEST 模型

（1）政治因素

政治因素包括一个国家的社会制度，政府的方针、政策、法令等。在确定互联网产品的开发策略时，对政府政策长期性和短期性的判断与预测十分重要，其策略应对政府发挥长期作用的政策有必要的准备，对短期性的政策则可视其有效时间或有效周期而做出不同的反应。例如，在确认是否开发某一款产品时，需要分析国家政策对该产品所处的领域是否支持，因为通常受到政策明确支持的领域在发展空间上会更有保证。

（2）经济因素

经济因素主要包括宏观经济和微观经济两个方面的内容。宏观经济因素包括国家或地区的人口数量及其增长趋势、GDP、国民收入等，这些指标能够反映国民经济发展水平和发展速度。微观经济因素主要指产品所服务地区的消费者的收入水平、消费偏好、储蓄情况、就业情况等，这些因素直接决定着产品目前及未来的市场大小。

（3）社会因素

社会因素包括一个国家或地区的居民受教育程度、文化水平、宗教信仰、风俗习惯、价值观和审美观等。受教育程度和文化水平会影响居民的需求层次；宗教信仰和风俗习惯会影响某些活动的进行；价值观会影响居民对组织目标、组织活动及组织存在本身的认可与否；审美观则会影响人们对组织活动的内容、活动方式及活动成果的态度。

（4）技术因素

技术因素除了要考察与产品所处领域的活动直接相关的技术手段的发展变化，还应及时了解国家对科技开发的投资和支持重点、该领域的技术发展动态和研究开发费用总额、技术转移和技术商品化的速度、专利及其保护情况等。

## 2. 用 SWOT 模型进行企业自身情况分析

用 SWOT 模型进行企业自身情况分析就是将与产品开发相关的优势（Strength）、劣势（Weakness）、机会（Opportunity）和威胁（Threat）等通过调查列举出来并加以分析。运用这种方法，可以对产品开发所处的企业环境进行全面、系统、准确的研究，从而根据研究结果制定相应的产品开发战略。

（1）优势

优势是企业的内部因素，具体包括有利的竞争态势、充足的资金来源、良好的企业形象、强大的技术力量、规模经济、产品质量好、市场份额大、成本优势、能形成广告攻势等。

（2）劣势

劣势也是企业的内部因素，具体包括市场份额小、缺少关键技术、研究开发落后、资金短缺、人员不足等。

（3）机会

机会是企业的外部因素，具体包括开发出新产品、形成新市场、产生新需求、外国市场壁垒解除、竞争对手失误等。

（4）威胁

威胁也是企业的外部因素，具体包括新的竞争对手加入、替代产品增多、市场紧缩、行业政策变化、经济衰退、用户偏好改变、产生突发事件等。

产品发展战略应当是企业能够做的（基于内部的优势和劣势）和可能做的（基于外部的机会和威胁）的有机组合，若遇到威胁和劣势组合，则应换个方向考虑产品。具体而言，不同组合形式下的发展方向如图 3-7 所示。

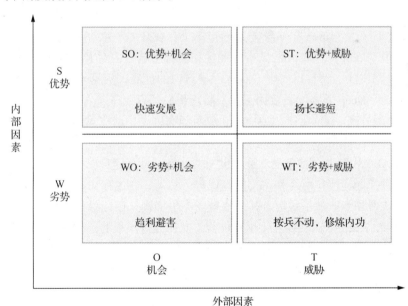

图 3-7　SWOT 模型下的发展方向

下面以健身类 App Keep 为例，用 SWOT 模型对其进行分析。

（1）优势

① 丰富的健身课程。Keep 提供了多样化的健身课程，包括瑜伽、有氧运动、力量训练等。用户可以根据自己的需求和兴趣选择合适的课程，满足不同的锻炼需求。

② 个性化的训练计划。Keep 可以根据用户的身体状况、健身目标和偏好，为其制订个性化的训练计划。这些计划有助于用户更好地实现健身目标，提高锻炼效果。

③ 社区支持。Keep 拥有一个活跃的社区，用户可以在这里分享经验、交流心得，获取鼓励和支持。这种互动有利于增强用户的锻炼动力和归属感。

④ 跨平台支持。Keep 支持多种设备，如手机、平板电脑、智能电视等，用户可以随时随地进行锻炼，无须担心设备兼容性问题。

（2）劣势

① 广告植入。在 Keep 的应用界面和课程视频中，存在一定数量的广告植入，这可能会影响用户体验。

② 高级功能收费。虽然 Keep 提供了大量免费的健身内容，但部分高级功能和定制计划需要付费才能使用，这可能会使一部分用户望而却步。

③ 缺乏专业认证。与一些专业健身教练认证的健身应用相比，Keep 在专业性方面略显不足，这可能影响其对特定用户群体的吸引力。

（3）机会

① 健康生活方式推广。随着健康生活方式的普及，越来越多的人开始健身。Keep 可以通过加大市场宣传力度，吸引更多用户。

② 拓展国际市场。Keep 可以拓展国际业务，将健身课程推广到海外市场，提高品牌的影响力。

③ 与虚拟现实技术融合。结合虚拟现实技术，Keep 可以为用户提供沉浸式的健身体验，提升锻炼的趣味性。

（4）威胁

① 竞争对手压力。Keep 在健身类 App 市场上存在众多竞争对手，如小米运动健康、咕咚、乐动力、悦动圈等。这些 App 具有专业性和品牌影响力，对 Keep 构成一定的威胁。

② 隐私泄露风险。随着用户个人隐私保护意识的提高，数据安全和隐私保护成为各类 App 的重要问题。Keep 需要加强数据保护，防止用户信息泄露。

③ 更新频率过高。部分用户反映 Keep 更新频率过高，造成对新功能的学习成本增加，影响用户体验。

总结来说，Keep 作为一款备受欢迎的健身类 App，具有健身课程丰富、可定制个性化训练计划、能提供社区支持和可跨平台支持等优势。然而，它也存在一定的劣势，如有广告植入、高级功能收费和专业性不足等，并面临市场竞争加剧、存在隐私泄露风险和更新频率过高等挑战。未来，Keep 可以继续优化用户体验，增加健身课程的多样性和专业性，并加强数据保护，以保持市场竞争力并吸引更多的用户。

## ❋ 三、从竞品分析中获取需求

竞品分析是指对现有的或潜在的竞争产品的优势和劣势进行评价。竞品分析的工作贯穿于产品诞生及发展壮大的全过程。竞品分析的作用主要有三点：第一，有利于了解竞争对手，同时发现潜在竞争对手，以便借鉴其长处，规避其短处；第二，可以帮助互联网产品经理确定市场切入点，验证以前的方向是否正确；第三，可以让互联网产品经理间接了解用户的需求、使用习惯等。

竞品分析的主要步骤有确定竞品分析目标、选择竞品范围、确定竞品分析维度、搜集竞品信息和竞品分析总结。

### 1. 确定竞品分析目标

根据产品生命周期的不同，竞品分析的目标和侧重点也不同。所以，在进行竞品分析之前，一定要了解当前产品处于什么阶段，需要解决的问题是什么。例如，想提高销售额，就要围绕竞品的营销策略等内容进行重点分析，然后结合自身产品的用户特点改良营销方式，提高营销效率；想确定是否可以切入某个领域，就可以对重点竞品做一个较为完整的横向对比，通过研究其业务形态、数据表现、功能迭代、运营路径等，预判行业发展路径，从而决定是否切入。

### 2. 选择竞品范围

竞品可以分为 3 类，分别是直接竞品、间接竞品和潜在竞品。

直接竞品指的是市场上与自身要开发的产品有相同的定位、方向目标、产品功能、目标用户的产品。对直接竞品进行分析，可以借鉴其优点，避免出现其不足。例如，懒人听书、喜马拉雅、蜻蜓 FM 就互为直接竞品，因为它们都提供在线音视频服务，听书、听广播等核心功能也一致，甚至 UI 设计也有相通之处，如图 3-8、图 3-9 和图 3-10 所示。

图 3-8　懒人听书界面

图 3-9 喜马拉雅界面

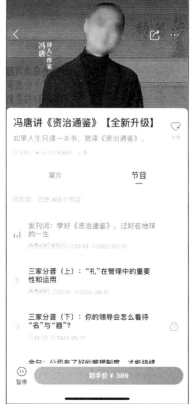

图 3-10 蜻蜓 FM 界面

间接竞品指的是核心功能不一样，但具有某些相似功能的产品。例如，微信读书和得到属于间接竞品。间接竞品会降低要开发的产品的使用率。对间接竞品进行分析，可以帮助互联网产品经理对要开发的产品的功能优先级进行排序，并确定产品要突出的功能。

潜在竞品指的是竞争者在行业利润达到一定规模时可能进入市场并利用其现有资源对竞争格局产生重大影响的产品。例如，陌陌和微信互为潜在竞品。微信是以熟人社交为基础的实时通信产品，陌陌是基于位置服务的实时通信产品，虽然两个产品的目标不同，但很可能会由潜在竞品向直接竞品转化。对潜在竞品进行分析，有助于预先提防它们的进入或者提前避开它们的切入点。

选择竞品范围，要在了解竞品分类的基础上，以分析目的为核心进行筛选。竞品不是选择得越多越好，而是要选择合适的竞品，并对其进行深度分析，分析出有价值的信息。

### 3．确定竞品分析维度

竞品分析维度包括战略定位、盈利模式、用户群体、产品功能、产品界面（交互方式、视觉表现）、数据和技术等。互联网产品经理要从不同维度对产品和竞品进行逐项罗列对比并分析优劣。

### 4．搜集竞品信息

确定竞品分析维度后，互联网产品经理要通过网上查找和用户调研等方式，获取有效的竞品信息。对竞品的考察是一项漫长而冗杂的工作，在资料搜集过程中要注意提升对数字的敏感度和对信息的处理能力。

### 5．竞品分析总结

竞品信息搜集完成后，互联网产品经理需要对其进行筛选、分类、评级等，得到有效信息，然后对有效信息进行分析，并从产品改善、市场发展、公司策略等方面进行判断，给出相应的可执行的建议或方案。

## 任务三　筛选需求并确定需求优先级

获取需求后，会形成一个需求池。但是受时间、技术及产品战略定位的影响，无法用一款产品满足所有的用户需求，因而需要对需求进行筛选和排序，也就是确定哪些需求可以做，哪些需求不可以做，哪些需求先做，哪些需求后做。

微课资源

确定需求优先级

 **一、需求筛选原则**

在筛选需求时，可以从以下 3 个原则出发。

### 1．是否为用户的本质需求

用户提出的需求往往是表面需求，而互联网产品经理需要站在产品角度去发现其本质需求。最典型的例子是，人们想要一匹跑得更快的马，福特却提供了汽车；跑得更快的马不是本质需求，速度才是。

### 2．技术是否能实现

开发产品时可能会有技术限制，如果用户提出的需求在技术上不能实现，就属于无效的需求。

### 3．开发成本是否可控

如果用户提出的某项需求需要付出很高的人力成本、时间成本才能满足，可能会导致产品不能按期上线，则这项需求可以直接排除。

## 二、确定需求优先级

确定需求优先级，就是为了回答"哪些需求先做，哪些需求后做"的问题，常常用到 KANO 模型，如图 3-11 所示。

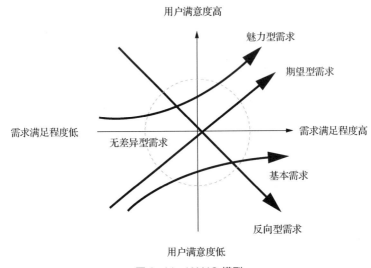

图 3-11　KANO 模型

KANO 模型是东京理工大学教授狩野纪昭提出的用户需求分类和优先级排序工具，以分析用户需求满足程度对用户满意度的影响为基础，展现了产品功能和用户满意度之间的非线性关系。

根据 KANO 模型，用户需求可以分为 5 类，分别是基本需求、期望型需求、魅力型需求、无差异型需求和反向型需求。

### 1．基本需求

基本需求也称为必备需求、理所当然的需求，是用户认为产品必须满足的需求。当其满足程度低时，用户很不满意；当其满足程度高时，用户也可能不会因此表现得满意。对于基本需求的满足，即使超过了用户的期望，用户也只会感到满意，不会对产品表现出更多的好感；然而，只要稍有疏忽，未达到用户的期望，用户满意度就会一落千丈。例如，铁路 12306 App 的订票服务满足的就是用户的基本需求。

### 2．期望型需求

期望型需求也称为意愿型需求，是指用户的满意度与需求的满足程度成正比关系的需求。此类需求得到满足的话，用户满意度会显著提高，且产品对此类需求的满足程度超出用户期望越多，用户的满意度就越高；此类需求得不到满足的话，用户的不满也会显著提高。例如，铁路 12306 App 在订票的前提下可以对座位进行选择，这就可以理解为对期望型需求的满足，若没有这个功能，用户可能会感到失望。

### 3．魅力型需求

魅力型需求是指不会被用户过分期望得到满足的需求。一旦此类需求得到满足，即使表现并不完善，用户也会表现出非常高的满意度；反之，即使此类需求得不到满足，用户也不会表现出明显的不满。还是以铁路 12306 App 为例，用户可以在火车上点外卖，这可以理解为对魅力型需求的满足，用户使用这个功能时会感到惊喜。

### 4．无差异型需求

此类需求无论满足与否，对用户体验均无影响，它们不会导致用户满意或不满意。例如，某打车软件在进行需求调研时，通过问卷方式询问用户对打车软件中"共享单车"这一功能的态度，很多用户都选择了"无感觉"，说明对这些用户来说，该功能对应的就是无差异需求。

### 5．反向型需求

反向型需求又称逆向型需求。由于并非所有用户都有相似的喜好，因此在满足此类需求后，一些用户的满意度反而会下降。例如，一些用户喜欢高科技产品，另一些用户更喜欢普通产品，产品中有过多的高科技类功能会引起后一类用户的不满。

##  任务四 了解互联网产品经理的主要文档

互联网产品经理是打通各部门协作开发的关键岗位，而要想更好地协同办公，让团队效率最大化，很大程度上依赖互联网产品经理的三大文档，即商业需求文档、市场需求文档和产品需求文档。

商业需求文档是基于商业目标或价值所描述的有关产品需求内容的文档，主要用于产品投入研发之前，给企业高管作为决策评估的重要依据。

市场需求文档属于过程性文档，是产品由准备阶段进入实施阶段的第一文档，其作用是对产品进行市场层面的说明。市场需求文档的质量将直接影响产品项目的开展，并直接影响公司产品战略意图的实现。该文档在产品项目中起着承上启下的作用，向上是指要对不断积累的市场数据进行整合和记录，向下是指要对后续工作进行方向说明和具体指导。

产品需求文档是将商业需求文档和市场需求文档用更加专业的语言进行描述。本任务重点介绍商业需求文档和市场需求文档，产品需求文档则会在项目五进行介绍。3 个文档的区别如表 3-1 所示。

表 3-1 商业需求文档、市场需求文档和产品需求文档的区别

| 类型 | 受众 | 撰写目的 | 侧重点 |
| --- | --- | --- | --- |
| 商业需求文档 | 企业高管 | 向企业高管汇报产品想法、寻求支持、换取资源，争取项目立项 | 项目背景（产品介绍）、市场分析、团队介绍、产品路线、财务计划、竞争对手分析等 |
| 市场需求文档 | 团队成员 | 论证商业需求、规划产品，并向团队成员进行宣讲 | 市场分析、用户分析、竞品分析、产品功能概况（定位、前景） |
| 产品需求文档 | 开发人员，如设计师、工程师及运营人员等 | 让开发人员和运营人员明确具体的开发需求、运营需求 | 详细功能说明、业务流程、业务规则、界面原型、数据要求 |

在产品开发过程中，互联网产品经理也会对文档进行修改、调整，因而对文档进行版本管理十分必要。互联网产品经理可以在文档中专门设置一个迭代信息板块，明确文档更

新内容。互联网产品经理也可以合理地使用版本号去管理文档的变更。以三级化的版本管理为例，V1.0、V2.0 等代表大版本的更新，V1.1、V1.2 等代表中版本的更新，V1.1.1、V1.1.2等代表小版本的更新，如表 3-2 所示。当然，也可以利用在线文档、协同平台等工具同步文档，以提高效率，避免因为版本变化带来的麻烦，但前提是符合公司对信息安全保密的规定。

表 3-2　文档版本更新

| 文档版本 | 修改时间 | 变更人 | 变更说明 | 审核人 |
|---|---|---|---|---|
| V1.0 | 2024 年 8 月 22 日 | 王某 | 文档初稿 | 李某 |
| V1.1.1 | 2024 年 8 月 24 日 | 王某 | 新增网络状态细分情况 | 李某 |
| …… | | | | |

# ❋ 一、商业需求文档

### 1．商业需求文档概述

对需求进行筛选和分析后，就要撰写商业需求文档了。商业需求文档是在立项之前互联网产品经理所要产出的成果，是产品生命周期中最早产出的文档，通常是供企业高管讨论的演示文档，一般比较短小精悍，没有产品细节。

### 2．商业需求文档的内容提纲

商业需求文档中通常包含以下信息。

（1）产品名称。文档需要写清楚具体的产品名称，以便于区分不同的项目或产品。

（2）版本历史。版本历史主要包括文档版本、修改时间、变更人、变更说明、审核人等。

（3）目录。设置目录可以让读者快速了解文档的内容和逻辑。

（4）项目背景。描述做的是什么产品，解决了用户的哪些问题；分析产品，并介绍商业背景、竞品分析和市场机会。

（5）项目规划。阐述准备如何做产品，对产品进行规划，描绘产品的功能和效果。

（6）收益、成本和风险分析。估计项目的收益和成本，列举产品可能存在的风险。

# ❋ 二、市场需求文档

### 1．市场需求文档概述

简单来说，市场需求文档就是通过行业分析、市场调研、竞品对比等方法，对市场现状（包括行业现状、市场状况、市场机会等）进行说明，细分目标市场（包括目标用户、收益情况等）并论述后续产品规划，从而论证未来产品的市场规模及潜力。

### 2．市场需求文档的内容提纲

市场需求文档通常由文档名称、版本历史、目录、产品概要、市场分析、用户分析、竞品分析和产品功能概述 8 部分组成。

（1）文档名称

文档需要写清楚具体的产品名称。在实际工作中，会有多个产品同时处于开发之中，清晰的文档名称有助于区分不同项目或产品。

（2）版本历史

版本历史主要包含文档版本、修改时间、变更人、变更说明、审核人等。

（3）目录

设置目录可以让读者快速了解文档的内容和逻辑。

（4）产品概要

简单介绍产品的功能框架及其与目标用户的契合度。

（5）市场分析

确定目标市场，分析市场规模、特征及目前市场上存在的问题与机会，并对行业发展趋势进行合理预判。

① 目标市场：确定产品面向何种行业及细分领域。

② 市场规模：目标市场规模大不大，值不值得投资。通常通过数据网站发布的数据和分析报告来推理、论证市场规模。

③ 市场特征：细分市场的现状及整体特征。

④ 市场问题及机会：目前细分领域内用户有什么痛点未被解决，未被解决的需求就是我们基于市场的机会。

⑤ 发展趋势：通过数据网站发布的数据和分析报告分析行业发展趋势，判断目标用户的发展规模，同时也可以通过关注行业的最新政策消息来判断政策趋势等。

（6）用户分析

确定产品功能的细分目标用户的特征，结合用户画像和使用场景推导用户的使用动机，在大脑内初步建立产品功能的规划框架。具体可以从以下几个细分方向展开。

① 用户特征：包括用户的年龄分布、收入状况、受教育水平，以及对相关产品功能信息的接受程度等。

② 用户画像：通过画像的形式将用户的群体特征表现出来。用户画像既不能太粗，也不能太细，应具有代表性。

③ 使用场景：用户在什么场景下了解该产品，又在什么场景下使用该产品。

④ 使用动机：总结用户的痛点有哪些，用户的现状如何。

（7）竞品分析

竞品包括直接竞品、间接竞品和潜在竞品。竞品分析已经在任务二介绍过，此处不再赘述。

（8）产品功能概述

产品功能概述主要包括以下几方面的内容。

① 产品功能定位：描述产品在何种情形下解决了用户的什么问题，语言尽量简洁明了。

② 产品结构图：简单论述产品的框架及功能流程，具体内容会在产品需求文档中涉及。

③ 产品路线图：根据产品功能定位及产品结构图，按照功能的优先级合理安排开发进度及周期。

④ 产品的功能性需求：包括注册登录功能、充值功能、提现功能、购买功能、留言功能、修改密码功能等。

⑤ 产品的非功能性需求：主要描述产品的系统特性，包括有效性、性能、扩展性、安全性、兼容性、可用性等。

值得说明的是，产品功能概述只需简单地对产品功能进行论述，此部分内容具体会在产品需求文档中论述（见本书项目五）。另外，本任务所讲的内容提纲仅代表一般情况下的文档结构，在实际工作中需要根据具体情况进行调整。

## 项目小结

本项目介绍了产品需求分析的方法，讲述了获取用户需求的三个渠道，介绍了需求的筛选和优先级确定方法。此外，本项目还介绍了互联网产品经理三大文档中的商业需求文档和市场需求文档的作用及内容提纲，为后面内容的学习打下基础。

## 过关测试

**单项选择题**

1. SWOT 模型中的 O（Opportunity）是（　　　），它是企业的外部因素，具体包括开发出新产品、形成新市场、产生新需求、外国市场壁垒解除、竞争对手失误等。

    A. 优势　　　　　　　　B. 劣势　　　　　　　　C. 机会　　　　　　　　D. 威胁

2. 用来向企业高管汇报产品想法、寻求支持、换取资源，争取项目立项的文档是（　　　）。

    A. 商业需求文档　　　　　　　　　　B. 市场需求文档

    C. 产品需求文档　　　　　　　　　　D. 研发需求文档

3. 马斯洛需求层次理论将人的需求分为 5 层，其中最高层次的需求是（　　　）。

    A. 生理需求　　　　　　　　　　　　B. 爱与归属的需求

    C. 尊重的需求　　　　　　　　　　　D. 自我实现的需求

4. 竞品可以分为三类，其中不包括（　　　）。

    A. 直接竞品　　　　B. 间接竞品　　　　C. 潜在竞品　　　　D. 排斥竞品

5. 在 PEST 模型中，产品所服务地区的消费者的收入水平、消费偏好、储蓄情况、就业情况等因素属于（　　　）因素。

    A. 政治因素　　　　B. 经济因素　　　　C. 社会因素　　　　D. 技术因素

## 拓展阅读

### 某互联网医疗产品的 PEST 分析

#### 一、目的描述

公司准备开发一个线上就医平台，以满足用户线上问诊、线上买药、健康监测和保健的需求。现采用 PEST 模型对互联网医疗行业进行外部环境分析。

## 二、政治因素

### 1. 政策明确支持

2018年8月和2019年5月，《国务院办公厅关于印发深化医药卫生体制改革2018年下半年重点工作任务的通知》和《国务院办公厅关于印发深化医药卫生体制改革2019年重点工作任务的通知》明确提出，要促进"互联网+医疗健康"发展，并提出要逐步将符合条件的互联网诊疗服务纳入医保支付范围。

### 2. 鼓励探索新模式

2021年6月，《"十四五"优质高效医疗卫生服务体系建设实施方案》指出，支持开展"互联网+医疗健康"服务，提高中医特色医疗资源可及性和整体效率。

2022年11月，《"十四五"全民健康信息化规划》指出，深化"互联网+医疗健康"服务体系是"十四五"期间全民健康信息化规划的八大主要任务之一，并提出了"互联网+家庭医生签约服务""互联网+妇幼健康""互联网+医养服务""互联网+托育服务""互联网+营养健康""互联网+护理服务""互联网+心理健康服务""互联网+药学服务"等新模式。

### 3. 落实规范化监管

2022年2月，《互联网诊疗监管细则（试行）》明确了互联网诊疗监管的基本原则，从医疗机构监管、人员监管、业务监管、质量安全监管等方面提出了明确的监管要求。

2022年11月，《"十四五"全民健康信息化规划》要求加强对互联网平台和企业数据行为的监管，运用大数据、人工智能等新一代信息技术实施风险分析和识别，完善个人信息保护，防止数据垄断和商业滥用。

### 4. 医疗保险逐渐介入

2020年3月，经卫生健康行政部门批准设置互联网医院或批准开展互联网诊疗活动的医疗保障定点医疗机构，按照自愿原则与统筹地区医保经办机构签订补充协议后，为参保人员提供的常见病、慢性病"互联网+"复诊服务可纳入医保基金支付范围。

2021年7月，《国家医疗保障局关于优化医保领域便民服务的意见》提出，各统筹地区要加快完善本地区"互联网+医疗服务"医保支付协议管理。

2021年9月，《"十四五"全民医疗保障规划》提出，要完善"互联网+医疗健康"医保管理服务，包括完善"互联网+医疗健康"医保服务定点协议管理，健全"互联网+"医疗服务价格和医保支付政策等。

### 5. 总结

国家高度重视"互联网+医疗健康"工作。国家提供了更多"互联网+"医疗健康的细分赛道，助力互联网医疗模式的完善、发展。国家助力完善覆盖全人群、全周期、责任落地、健全的互联网诊疗监管体系。国家注重互联网医疗领域的个人信息保护，防止数据垄断和商业滥用。国家健全"互联网+医疗服务"价格和医保支付政策，将医保管理服务延伸到"互联网+"的医疗行为，为居民提供医保保障。

综上所述，国家政策上对互联网医疗大力支持、在模式上鼓励探索、在监管上从严管理、在医疗费用上给予保障，让居民对互联网医疗有信任感，为互联网医疗行业的发展保驾护航。

## 三、经济因素

### 1. 消费者方面

互联网的发展让人们习惯了线上问诊和线上买药，推动互联网医疗行业快速发展。2022年上半年，我国人均医疗保健消费支出1041元，增长2.6%，占人均消费支出的比重为8.9%，

我国医疗保健服务市场的发展也持续向好。2022 年全年，全国居民人均消费支出 24538 元，比上年增长 1.8%，其中人均医疗保健消费支出 2120 元，增长 0.2%，占比 8.6%。

### 2. 市场经济方面

如图 3-12 所示，2014—2021 年，我国居民在大健康方面的支出持续增加，对健康的重视度提高。

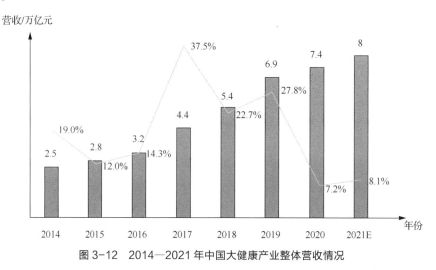

图 3-12　2014—2021 年中国大健康产业整体营收情况

从重点上市企业营收情况来看，2021 年中国互联网医疗重点上市企业营收均保持增长趋势。2021 年京东健康全年营收 306.82 亿元，同比增长 58.3%；2021 财年阿里健康营收 155.2 亿元，同比增长 61.7%。

2014—2021 年，中国医药电商交易规模一直保持增长趋势，2021 年医药电商交易规模达 1850.9 亿元，同比增长 37.09%。

作为"互联网+"医疗的重要盈利模式之一，医药电商交易规模的增长将带动生物医药线上渠道的销量，从而促进移动医疗的发展。

### 3. 总结

从经济因素来看，互联网医疗行业发展潜力大，盈利情况较好，但市场竞争力大，互联网头部企业纷纷进入该赛道。我司应挖掘用户痛点，结合自身资源优势，选择有优势的赛道，并不断创新，保持自身竞争力。

## 四、社会因素

### 1. 消费者意愿方面

近年来，人们的健康意识增强、需求增加。无论是健康人群还是亚健康人群，都愿意获得健康建议和就医指导，愿意通过互联网问诊，获得及时、专业且相对便宜的在线医疗服务。人们使用互联网医疗的习惯加强，对"互联网+"医疗的接受度大大提高。

### 2. 需求方面

慢性病市场持续扩容，人们需要长期、不断地复诊。从市场规模看，慢性病医疗支出一直占我国医疗健康支出总额的很大一部分。根据弗若斯特沙利文的数据，2021 年我国慢性病管理市场的规模达 6.3 万亿元，占医疗健康支出总额的近 80%，如图 3-13 所示。慢性病需要持续调理、复诊，而线上看病无须用户外出，可以节省时间，提高看病效率。轻症慢性病成为我国互联网医疗用户的主要治疗疾病类型，占比达到 55.4%。

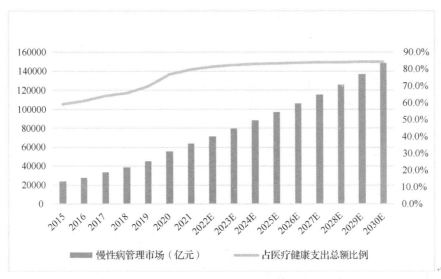

图 3-13 中国慢性病管理市场规模

### 3. 社会资源分布方面

我国线下医疗资源分布不均。东部地区医院总数量和三甲医院数量明显多于中部和西部地区，其技术人员数量、执业医师数量和医疗设施相比中部、西部地区更是具有绝对优势。

### 4. 总结

总体来看，人们对线上医疗的认知度提高、需求增加、使用习惯加强，以及人们对追求健康的需要等，都说明目前互联网医疗行业有一定的发展契机和良好的社会市场环境。

## 五、技术因素

### 1. 医疗行业构建了智慧供应链

互联网医疗生态已经较为完备。以强生在华最大的医疗器材产业园——强生苏州产业园为例，它集医疗器材的研发、制造、技术创新与合作、全球共享服务等多元业务于一体，借助高效的术前规划让医院实现精准备货，从而保障医疗产品和资源的及时供应，并通过算法预测各地所需货品量，预测各地什么时候需要补货，季节性调整进货量，有效地将各生产元素互联，进而优化资源配置、提高生产力，从规模上提升运营的效率和效益。

### 2. 新技术的应用助力智慧医疗

虚拟现实、增强现实等技术的应用让医生能够更形象、直观地了解患者的情况，并快速发现问题，更好地确定治疗方案。一些基于人工智能的预测模型能够及早识别出高风险患者，辅助判读医疗结果等。虚拟护士助手可以回答患者的常见问题，参与患者随访与管理等。

### 3. 物联网技术的应用助力互联网医疗水平的提升

物联网技术的应用可以打造更多互联网医疗的使用场景，提升互联网医疗水平，提高用户体验感和用户满意度。例如下面的几个简单的使用场景。

（1）在线健康监测：患者可以使用智能穿戴设备或家庭医疗设备实时监测自己的健康状况，设备将数据上传至互联网医疗平台，医生在线进行查看和分析。

（2）跨地域远程诊断：患者可以在互联网医疗平台请专家进行视频会诊，专家则可以通过平台获取患者的实时健康数据，以制定合适的治疗方案。

（3）个性化健康管理：根据患者的实时监测数据，互联网医疗平台可以生成个性化的生活习惯、饮食和运动建议。

**4. 总结**

互联网医疗与科技的融合，不仅可以提高诊断技术，还可以大大提高用户的治疗体验，为互联网医疗的发展助力，也为互联网医疗的发展方向提供了更多选择。企业应重视技术研发、技术融合，提高自身的竞争力，降低被替代性。

## 六、总结

我国政府推出了一系列对互联网医疗的支持政策；人们对健康的关注越来越多，对健康方面的经济投入日益增加，行业规模持续增长；人们对互联网医疗的信任感增加，使用习惯加强；越来越多的技术被应用于医疗领域，更智能、更贴心地满足人们对健康监测与管理、治病就医的需求，医疗行业将会继续快速发展。

行业发展前景好，已有科技"巨头"及行业头部企业布局互联网医疗业务，行业竞争大。我司需结合行业发展势头和自身优势，找到合适的细分赛道，同时提高技术水平，为用户提供更好、更权威、更便捷的医疗服务。

# "吃了么"商业需求文档

## 一、项目背景与时机

### 1. 项目背景

人们对饮食的追求在不断提升，如今人们不仅关注口味，更注重健康与营养，这也引导着餐饮商家不断创新。随着生活节奏的加快，人们外出就餐、点外卖的频率也越来越高。但面临着海量的选择，人们反而经常陷入"不知该如何选择"的困境。在这样的背景下，我们计划推出一款餐饮选择类 App"吃了么"。

### 2. 项目时机

（1）政策支持。《2023 中国与全球食物政策报告》正式发布，鼓励健康饮食，多措并举，引导居民向可持续健康膳食转型。

（2）健康意识增强，社交需求增强。随着生活水平的提高，人们对健康饮食的需求逐渐增强。人们不再满足于单一的快餐或外卖，而是开始寻求更加健康、营养的饮食选择。同时，人们也更乐意分享，喜欢在平台上分享用餐体验，上传美食图片，增强了平台的用户黏性。

（3）互联网技术助力提升就餐体验。通过线上平台，用户可以方便地浏览和选择餐厅，挑选菜品，根据推荐和打分情况进行具体选择。平台能够对用户的喜好进行深入分析，了解用户的口味和偏好，从而为用户推荐更加符合其需求的选择。这种个性化服务能够提升用户的满意度和忠诚度。

## 二、竞品分析

基于年轻人吃什么的定位，我们选取了"这顿吃什么呢"小程序和"吃啥大转盘"小程序进行竞品分析。

"这顿吃什么呢"和"吃啥大转盘"小程序，都是用户量较大的小程序。"这顿吃什么呢"小程序凭借多样化的菜品，吸引大量用户关注和使用，其以滚动屏幕的方式，随机推荐餐饮。"吃啥大转盘"小程序主要是提供了一个转盘，让用户自己动手点击屏幕，转盘指针指向的答案则作为小程序推荐的餐饮。

### 1. 产品定位

"这顿吃什么呢"：致力于向年轻人提供特定场景，如减脂、聚餐时的饮食选择。

"吃啥大转盘"：致力于向年轻人提供日常饮食选择，如早午晚餐、夜宵等。

两款小程序的界面如图 3-14 所示。

 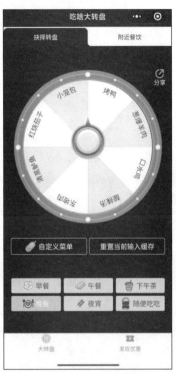

图 3-14 两款小程序的界面

### 2. 产品架构

"这顿吃什么呢"产品架构如图 3-15 所示，主要包括首页、添加其他菜品、推荐周围的餐馆、分享等功能。

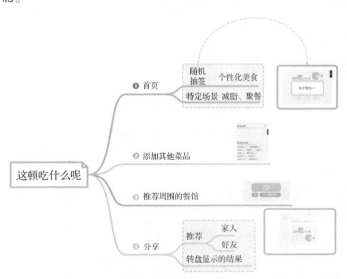

图 3-15 "这顿吃什么呢"产品架构

"吃啥大转盘"产品架构如图 3-16 所示。

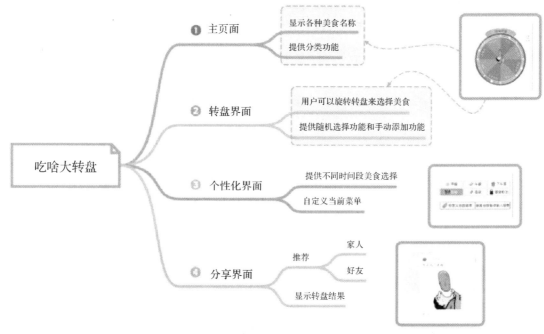

图 3-16 "吃啥大转盘"产品架构

### 3. 运营策略

"这顿吃什么呢"：与小红书博主达成合作，进行推广服务，获得曝光机会。

"吃啥大转盘"：暂无，待发展中。

### 4. 总结

"这顿吃什么呢"：该小程序主要满足年轻人特定场景（如减脂、聚餐等）下的饮食选择需求，同时推荐周围餐馆，支持用户添加自己喜爱的菜品，更好地满足年轻人的需求。但目前周围的餐馆无法很好地搜寻到，小程序仍需优化。

"吃啥大转盘"：该小程序对应的就餐时间更为具体，聚焦于日常生活饮食。转盘显示的结果可以分享给好友。但初始转盘上的菜品相对单一，要想获得较好的推荐效果，需要自定义菜单。目前该小程序的困境是无法以新颖的内容吸引用户，且同质化竞争激烈。

## 三、SWOT 分析

### 1. 优势

创新性。"吃了么"的概念非常创新，为用户提供了一种全新的方式来选择美食。这种创新的概念可以吸引许多用户，特别是那些寻求新奇和有趣体验的用户。

简单易用。该平台的操作非常简单，用户只需浏览各种饮食并转动转盘即可，这对忙碌的人们来说非常方便。

多样性。该平台提供了各种各样的饮食供用户选择，满足了不同口味的用户的需求，也增加了他们选择美食的乐趣。

### 2. 劣势

随机性。由于该平台是通过转动转盘的方式来选择饮食，因此结果具有很强的随机性。这可能会导致用户在某些情况下选择到自己不喜欢的饮食，从而影响用户体验。

缺乏个性化推荐。尽管该平台提供了各种各样的饮食供用户选择，但它没有根据用户的口味和偏好进行个性化推荐。这可能会使用户感到其推荐缺乏针对性，从而降低用户的满意度。

### 3. 机会

市场潜力。尽管市场上已经存在许多"随机选择吃什么"类的应用，但仍有不少用户可能对"随机选择吃什么"的创新概念感兴趣。因此，该平台具有较大的市场潜力，如果能够有效地推广和宣传，可以吸引更多的用户。

技术创新。随着技术的不断发展，该平台可以探索更多的功能来增强用户体验。例如，引入人工智能技术，为用户提供更个性化的推荐。

合作与联盟。与食品供应商、餐馆或其他相关企业建立合作关系，可以提高平台的菜品种类和质量，同时也可以通过共享资源来实现共赢。

### 4. 威胁

法规与政策。随着互联网行业的快速发展，相关的法规和政策也在不断变化。政策环境可能会对该平台的运营产生负面影响。

食品安全。食品安全是用户选择用餐平台时考虑的重要因素之一。如果平台上的食品质量出现问题或存在食品安全隐患，用户的信任度就会下降。

同类产品的竞争。市场上已经有许多类似的产品，如果其他产品在用户体验、功能或价格等方面更有优势，可能会抢占市场份额，对"吃了么"构成威胁。

## 四、项目规划

### 1. 核心功能点

（1）用户注册与登录

用户可以通过手机号、微信、QQ等途径注册或登录"吃了么"App。注册后，用户可以完善自己的口味偏好、饮食禁忌等信息，以便App更好地为其推荐饮食。

（2）美食推荐

基于用户的口味偏好，"吃了么"会为其智能推荐相应的美食。推荐结果会根据用户的历史数据不断优化，从而提高推荐准确率。

（3）美食搜索

用户可以通过搜索功能查找自己感兴趣的美食，App支持按菜系、口味、特定场景等多种方式进行搜索，还可以推荐附近有类似菜品的餐厅。

（4）美食收藏与分享

用户可以将感兴趣的美食添加到收藏夹，方便日后查找。用户也可以将美食分享给好友或发布到社交媒体平台，与他人分享自己的美食发现。

（5）美食评价与互动

用户可以对已尝试过的美食进行评价并拍照上传，为其他用户提供参考。同时，用户可以在App内与其他用户进行互动，交流就餐心得，还可以获得相应的勋章和积分。

### 2. 产品架构图

"吃了么"产品架构图如图3-17所示。

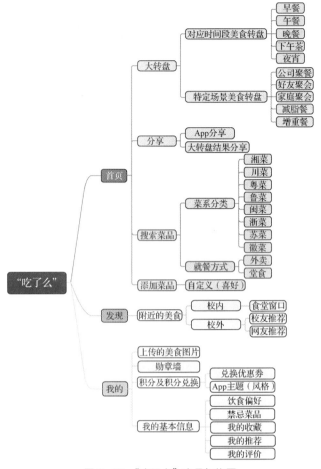

图 3-17 "吃了么"产品架构图

### 3. 产品路线规划

产品路线规划如表 3-3 所示。

表 3-3 产品路线规划

| 版本 | 版本 1.0 | 版本 2.0 | 版本 3.0 | 版本 4.0 |
|---|---|---|---|---|
| 产品路线规划 | 完成基础功能搭建，包括用户注册与登录、美食推荐、美食搜索等。同时，优化用户体验，提高推荐准确率 | 增加美食收藏与分享功能，针对用户反馈和数据表现进行产品优化 | 探索与其他餐饮相关企业的合作，为用户提供更全面的餐饮服务。同时，根据市场变化和用户需求调整产品方向，提升用户体验 | 丰富用户互动形式，如增加美食评价、上传美食图片等功能，用户可以通过以上功能获取勋章及积分，积分可兑换餐厅优惠券或 App 主题 |

## 五、收益、成本及风险评估

### 1. 收益构成

收益构成主要包括以下几部分。

（1）广告收入。随着用户基数的增长，"吃了么"App 知名度得到提升，可带来广告投放收入。

（2）押金和抽成收入，即商家入驻押金和平台导流抽成。

（3）打赏收入，如文章打赏和直播打赏抽成。

（4）研究报告收入。公司可利用已有用户数据做成研究报告，出售给需求方。

（5）报名费、合作费收入，如线下活动报名费、商家合作费等。

**2．成本构成**

（1）开发制作成本

开发制作成本主要包括人员成本和技术成本。假设App制作开发需要后端工程师1名、前端工程师1名、UI设计师1名和互联网产品经理1名，按照每人每月成本1万元、开发周期半年计算，人员成本支出为24万元。技术成本主要包括服务器租赁费用。影响服务器租赁费用的因素主要有线路、配置、带宽、地区4点。参考阿里云服务器的租赁价格，配置较好的服务器可以控制在1万元左右。因此，开发制作成本大约为25万元。

（2）运维成本

运维成本一方面是房租、水电费、清洁费、通信网络费、办公用品费、办公设备维护费、公关费等，每月支出大概为1万元，半年支出大概为6万元；另一方面是服务器、技术维护和更新迭代费用，以及推广支出，半年大概为10万元，其中推广包括网站线上付费推广、百度竞价广告、行业链接、App线上付费推广、软文自推、广告投放等。

（3）人力资源成本

公司配备技术人员、客服人员、后勤人员，每月每名人员成本大概为5000元，半年支出大约为15万元。

以上支出以半年计，总共花费为56万元。

**3．风险评估**

（1）新用户获取成本不断攀升，用户增长可能面临瓶颈。

（2）广告过多可能会影响用户体验，广告选择不当可能会损害品牌形象。

（3）行业竞争激烈，不断涌现出新的类似的产品，因而该App需要不断升级、创新以保持竞争力。

（4）需确保平台稳定，防范黑客攻击和数据泄露。

（5）需遵守相关法律法规，保护用户的隐私和数据安全。

（6）与商家合作破裂可能会影响平台的稳定性。

# 项目四 进行产品规划

## 🛒 项目导读

完成产品需求分析后，不能马上进入原型设计环节，还需要对产品进行规划。只有通过产品规划厘清产品的功能结构、信息结构和产品流程，后续工作才有方向和依据。此外，产品规划环节还要从运营的角度设计产品的商业模式并预估投资回报率，一方面这样可以预估投入产出情况，另一方面也可以再次验证产品设计的可行性。本项目将介绍产品规划的相关知识。

## 🛒 学习目标

➤ **知识目标**

1. 了解产品功能规划的方法。
2. 掌握绘制产品结构图的方法。
3. 掌握绘制产品流程图的方法。

➤ **能力目标**

1. 能够绘制产品结构图。
2. 能够绘制产品流程图。

➤ **素质目标**

1. 具备较强的理解能力、分析能力和实践能力，能够完成产品规划。
2. 具备科学、严谨的职业态度，在绘制产品结构图、产品流程图时能够做到一丝不苟、精益求精。

 **任务一** **了解产品规划的概念**

通过用户分析、市场分析、竞品分析等方法收集了大量的需求后，得到的是一个装有很多需求的需求池，是模糊的产品方向和功能范围。互联网产品经理需要把这些庞杂的需求抽象归纳，把模糊的需求补充、拓展和翻译成在商业模式及用户体验上能够形成闭环的产品需求，总结成一个个确定的产品功能。

微课资源

了解产品规划

在进行产品规划时，需要回答这样几个问题。

（1）这款产品核心满足的是哪个或哪些用户需求？

（2）这款产品能做什么？能做到什么程度？

（3）用户在什么场景下用到什么功能？用户使用的路径是怎样的？

以上问题对应的分别是核心需求确定、产品目标确定和用户使用场景确定。可以说，产品规划就是梳理用户核心使用场景和产品功能清单，并分层次地把产品所需要的模块进行归类和阐述，进而细化其所需的信息和业务的流程。

具体来说，产品规划分为以下几个步骤：第一，构建应用场景；第二，设计产品功能结构；第三，设计产品信息结构；第四，设计产品流程；第五，设计产品商业模式；第六，预估投资回报率（Return on Investment，ROI）。

 **任务二** **构建应用场景**

构建应用场景就是设想用户的使用场景。下面以两个案例来说明如何构建应用场景。

## ❋ 一、阅读书籍产品的应用场景构建

小李是一名互联网产品经理，想要精进自己的专业技能，于是决定去书店选一本关于互联网产品开发的书。来到书店后，他发现书店有各种宣传海报，如本月畅销书推荐海报（畅销书推荐）、名家推荐海报（作家推荐）、新书宣传海报（新书推荐）等，这些书都陈列在书店门口附近的货架上，方便读者购买。

小李继续往里走，他发现每个书架上都有分类名（分类），于是问营业员互联网产品开发相关的书架在哪里（搜索）；得知在二楼后，小李便上楼挑选，终于找到了互联网产品开发相关的书架。书架上的书有很多，小李拿出几本仔细阅读。他先查看书籍的封面与作者，然后看简介与目录，其次挑几章内容进行了解，最后查看这本书在豆瓣上的评价（看书评），最终他选择了《人人都是产品经理》一书。

结账时，收银员告诉小李，注册会员可以享受充多少送多少的优惠。小李盘算了一下，觉得确实很划算，就注册会员并充值了100元。之后，收银员为小李登记了个人信息及购书信息。

回家后，小李把新买的书放入自己书架的第一层（放入书架），这一层全是与工作技能相关的书（分组）。当小李开始阅读《人人都是产品经理》这本书时，他觉得确实不错，于是在完成本次阅读后给书加了个书签，标记自己已经看到了哪一页。合上书后，他拿起手机

拍了书的照片给好朋友。

根据上面描述的场景，可以很直观地了解阅读书籍产品大致的功能模块，并绘制出功能结构图，如图 4-1 所示。

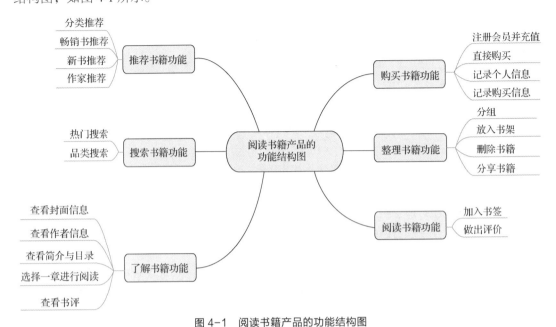

图 4-1　阅读书籍产品的功能结构图

## ❊ 二、健身运动类产品 Keep 的应用场景构建

场景 1：健身"小白"在健身前，需要了解与健身相关的信息，制订健身计划，比较不同健身方式的成本并购买相应的健身装备。

Keep 如何满足这些需求？首先，用户在进入 Keep 后，可以发现为满足不同健身目的而设置的板块（如瘦肚子、瘦腿等），以及不同的健身形式（如跑步、瑜伽、普拉提等），用户可以点进去查看，然后决定健身目的及健身形式。确定健身目的与健身形式后，用户填写相关信息，平台就会根据用户信息推荐合适的训练课程。此外，在 Keep 商城，根据商城推荐的运动场景，用户可以选择对应场景类目下的商品进行购买。

场景 2：用户在健身中，无法了解自己的健身成果，从而容易放弃。

Keep 如何满足这种需求？Keep 为了帮助用户坚持健身，将健身数据可视化，用户可以时时刻刻看到自己的健身成果，从而获得成就感，促使其接下来继续进行健身。使用 Keep 健身和在健身房健身相比，健身房健身属于单人的健身方式，自律性较差的用户很容易中途放弃。为了优化用户体验，Keep 增加了跑步小队、跑步赛事、GPS 定位及直播等功能，让用户能够有机会与他人一起健身，互相督促、激励，将健身坚持下去。

场景 3：用户在初始健身阶段，进行了一项完整的运动后，成就感"爆棚"，希望能让社交圈的朋友知道。

Keep 如何满足这一需求？Keep 支持第三方动态分享功能，帮助用户更好地进行分享。

场景 4：在健身一段时间后，用户希望能与他人互相交流，了解自己的健身水平并向健身"达人"学习。

Keep 如何满足这一需求？Keep 为此提供了达人分享及周排名等功能，能够更好地帮助用户了解自己的水平并为其进步提供方向。

通过构建用户使用场景，可以得到产品的功能清单，为下一步的工作打好基础。

 任务三 设计产品功能结构

在一般情况下，产品的总功能可分解为若干分功能，各分功能又可进一步分解为若干二级分功能，以此类推，直至各分功能被分解为功能单元为止。这种由分功能或功能单元按照逻辑关系连成的结构称为功能结构。例如微信的"附近的人"功能，点开此功能后，首先展现出来的是用户列表，点击右上角的"…"按钮，可以设置用户筛选条件及清除位置信息并退出。

分功能或功能单元的相互关系可以用图来描述，即产品结构图。

通俗地说，产品结构图就是把产品的功能和页面按照模块进行拆分、归类，将其用图形化的方式展示。

在功能层面，一款产品应该包括核心功能、次要功能和系统辅助功能，如图 4-2 所示。

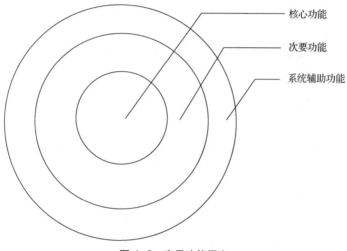

核心功能
次要功能
系统辅助功能

图 4-2 产品功能层次

## ❉ 一、核心功能

核心功能由大多数用户在特定场景下的使用行为推导而出。例如，超级课程表 App 主要是满足录入课程表这一核心需求。因此，如何将课程表信息，包括课程名称、课程时间、教室等导入软件就是该 App 的核心功能。超级课程表 App 支持快速登录高校教务系统导入课程、手动添课，还可以实现校内跨院系导入"蹭课"课程、扫码导课，如图 4-3 所示。

核心功能并不意味着只是一个功能，而是指向一个根本目的或者最终目标，核心功能可以围绕根本目的或最终目标适当地展开。例如，新学期开始，大学生需要将本学期的课程表录入手机 App，便于随时查看课程安排，这种需求对应的功能就是录入课程表。除了手动录入课程表，还可以进一步延伸功能，让 App 操作起来更方便。例如，学生录入基本信息（学校名称、二级学院名称、年级等）后，可以直接从学校教务系统导入课程表，也可以扫码导

入课程表，省时省力。也就是说，当我们关注核心功能时，更重要的是把真正属于核心功能的支撑部分、关联因素等全部挖掘出来，并保证不发生方向的偏离。

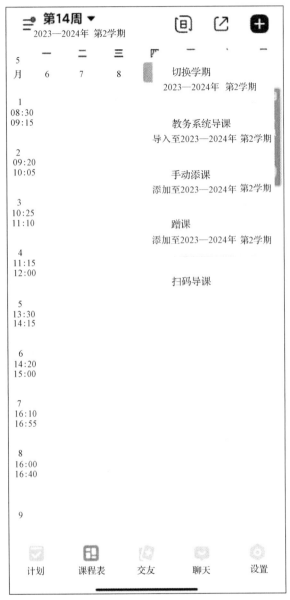

图 4-3　超级课程表核心功能界面

## ✳ 二、次要功能

次要功能是指与核心功能相关，但使用频次没有核心功能那么高，重要程度比核心功能略低，在开发顺序上可以相对延后的功能。次要功能通常是核心功能的衍生功能。例如，大多数音乐类 App 都开发了听歌识曲功能：用户在咖啡店或者商场听到一首喜欢的歌曲，却不知道歌曲的名字，于是使用音乐类 App 听取歌曲片段来识别并搜索歌曲。音乐类 App 通常直接将听歌识曲功能放在首页，并做成一个二级界面，如图 4-4 和图 4-5 所示。

图 4-4　网易云音乐"听歌识曲"功能按钮及界面

图 4-5　QQ 音乐"听歌识曲"功能按钮及界面

## ❋ 三、系统辅助功能

系统辅助功能是指技术性的、保障性的功能，如登录、注册、搜索等大多数软件都具备的"标配"功能，以及字体设置、夜间模式等个性化功能。系统辅助功能是为了让用户更好地体验产品。

## 任务四 设计产品信息结构

产品信息结构图是指脱离产品的实际界面，将产品的信息梳理出来，同时也为后台上传数据提供依据的结构图。例如，手机图库中的图片一般包括图片名称、拍摄地点、拍摄日期、图片尺寸等。

回到任务二阅读书籍产品的应用场景，其涉及的4个对象分别是书、我、书架、评论。把每一个对象包含的信息都列出来，就是产品信息结构图，如图4-6所示。

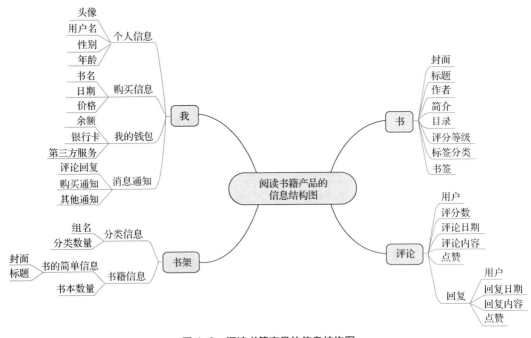

图 4-6 阅读书籍产品的信息结构图

## 任务五 设计产品流程

## ❋ 一、产品流程图的分类

在设计互联网产品时，互联网产品经理需要梳理出产品具体的业务环节和转接关系，确定各业务环节的先后顺序。一幅简明的产品流程图不仅能够促进互联网产品经理与设计师、工程师的交流，还能帮助设计师和工程师查漏补缺，确保流程的完整性。产品流程图通常分为业务流程图、数据流程图和页面流程图 3 类。

### 1．业务流程图

业务流程图主要描述业务走向，用一些规定的符号及连线表示某个具体业务的处理过程。业务流程图要对产品中包含的所有业务流程都进行分析和设计。一个产品中会设计面向多种用户的各类业务流程，如面向买家、卖家和第三方的，因而通常会采用泳道图的形式来制作业务流程图，如图 4-7 所示。

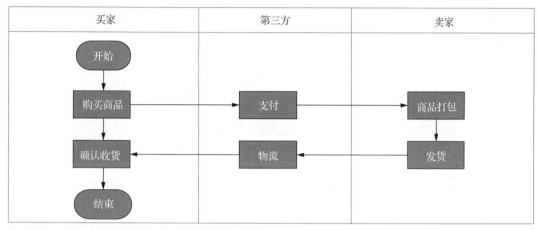

图 4-7　某购物软件的业务流程图

从图中可以看出，购买商品、确认收货是买家的行为，商品打包、发货是卖家的行为，支付和物流则是第三方的行为；如果卖家有自己的支付或物流公司，则支付、物流也属于卖家的行为。

### 2．数据流程图

数据流程图是对业务流程图的进一步抽象与概括，因为它完全舍去了具体的行为，只剩下数据的流动、加工处理和存储。值得注意的是，一般的业务流程图中已经包含了数据流程图，因此在实际工作中很少绘制数据流程图。

### 3．页面流程图

页面流程图描述了用户完成一个任务需要经过哪些页面。以图书阅读产品为例，从在首页搜索图书，到搜索结果页，点击任一结果进入图书简介页，点击"阅读"按钮进入图书阅读页，页面流程图如图 4-8 所示。

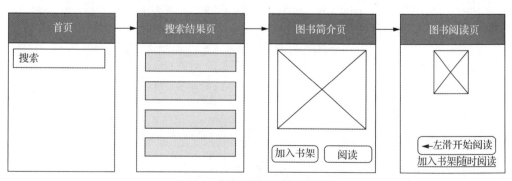

图 4-8　图书阅读产品页面流程图

## 二、产品流程图的绘制

### 1.流程图的基本符号

流程图是一种用于沟通的图形化语言，使用的符号通常有一定的规则，以方便大家理解。习惯用法是，圆角矩形表示开始或结束，矩形表示普通工作环节，菱形表示判定条件，箭头表示工作流方向，等等。流程图基本符号如表4-1所示。

表4-1 流程图基本符号

| 符号 | 名称 | 意义 |
|---|---|---|
| | 开始或结束 | 表示流程图的开始或结束 |
| | 流程 | 表示操作或处理，表示某一个具体的步骤 |
| | 判定 | 表示判定条件 |
| | 文档 | 表示输入或输出的文档 |
| | 子流程 | 表示已定义的子流程 |
| | 数据库 | 表示文件归档 |
| | 连接线 | 用于连接其他符号，箭头表示流转方向 |

通过使用这些符号，互联网产品经理可以清晰地描述产品的业务流程及使用逻辑。

### 2.流程图的基本结构

流程图有3种基本结构，分别是顺序结构、选择结构和循环结构。

（1）顺序结构

顺序结构是按照流程执行的先后顺序来安排的结构，是最简单的一种结构。它的执行顺序是从上到下，依次执行。如图4-9所示，执行完A操作，就会执行B操作。

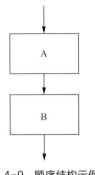

图4-9 顺序结构示例

（2）选择结构

选择结构又称为分支结构，其执行顺序是根据是否满足条件而从两个操作中选择一个操作执行，如图 4-10 所示。

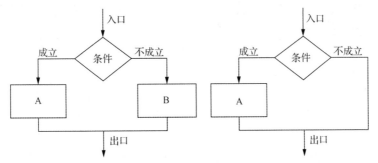

**图 4-10　选择结构示例**

（3）循环结构

循环结构又称为重复结构，是指在一定条件下反复执行某一操作。循环结构又可分为直到型结构和当型结构。

直到型结构是指先执行某一操作，再判断条件。当条件成立时，退出循环；当条件不成立时，继续循环，如图 4-11 所示。

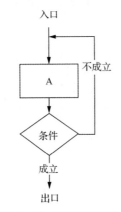

**图 4-11　直到型结构示例**

当型结构是指先判断条件，再执行操作。当条件成立时，继续循环；当条件不成立时，则退出循环，如图 4-12 所示。

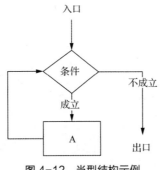

**图 4-12　当型结构示例**

## ❈ 三、绘制流程图时需要注意的问题

绘制流程图时，应注意以下几个问题。

（1）绘制流程图要有时序性，应遵循从左到右、从上到下的顺序进行。一幅完整的流程图必须包含"开始"和"结束"，且其只能出现一次。

（2）菱形为判定符号，必须有"是和否（或 Y 和 N）"两种处理结果，且判定符号的上下端流入、流出一般用"是"，左右端流入、流出一般用"否"。

（3）同一流程图内，符号大小需要保持一致，且连接线不能交叉，不能无故弯曲。

（4）必要时可以加标注，以便更清晰地说明流程。

（5）流程图可以很长，也可以有多个异常处理，但整体必须是从上而下的、清晰的。如果逻辑功能繁多，必要时可以分开绘制（整体的）功能设计流程图和（子功能）执行流程图。

## ❈ 四、绘制流程图的工具

常见的流程图绘制工具有以下几种。

### 1．纸和笔

纸和笔是最简单、实用的工具，用纸和笔绘制流程图的缺点是不易修改。值得注意的是，如果选择用纸和笔绘制流程图，那么准备的纸张要足够大。

### 2．亿图图示

亿图图示是一款基于矢量图的流程图绘制工具，具有丰富的事例库和模板库，它采用拖曳式操作，使用方便、简单，其界面如图 4-13 所示。

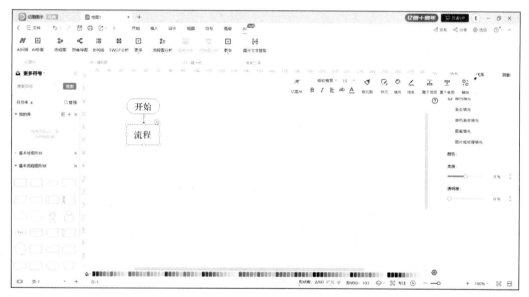

图 4-13　亿图图示的操作界面

### 3．Visio

Visio 是微软推出的一款应用非常广泛的绘图软件，它有很多组件库，用户可以方便快捷地完成各类流程图的绘制。该工具比较容易上手，更适用于 Windows 环境。Visio 操作界面如图 4-14 所示。

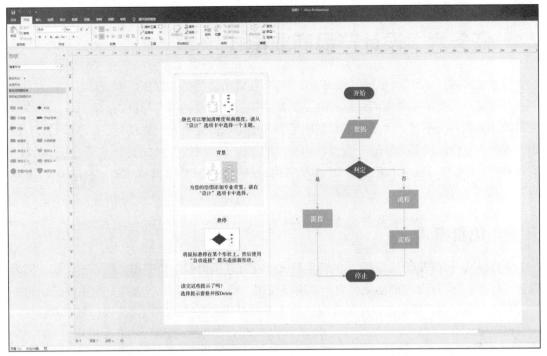

图 4-14　Visio 操作界面

### 4．ProcessOn

ProcessOn 是一款在线绘图工具，优点是无须下载安装，支持多人同时对一个文件进行编辑，且提供了很多流程图模板，用户可以方便地画出流程图、思维导图、原型图等；缺点是由于是在线的，要注意及时保存和输出。ProcessOn 操作界面如图 4-15 所示。

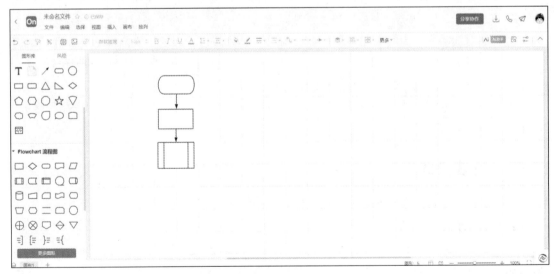

图 4-15　ProcessOn 操作界面

### 5．Axure RP

Axure RP 是用来绘制原型图的工具，但它也具备绘制流程图的功能。用户只需将元件拖曳到工作区，用连接线连接，即可轻松绘制出流程图。

任务六 设计产品商业模式

商业模式描述了企业创造价值、传递价值和获取价值的基本原理。有一些互联网产品是不用考虑商业模式的，例如公司自主开发的供内部员工使用的办公软件。不过，大部分互联网产品都需要考虑商业模式，也就是如何盈利，这也是保证其能够一直运营和迭代的基础。互联网产品的商业模式多种多样，并且也在不断创新中。本任务用最简单的方式将其分成"免费""付费"两种。

微课资源

设计产品商业模式

## ❄ 一、免费模式

免费模式是互联网产品最常见的商业模式。在互联网时代，免费和盈利并不矛盾，因为存在"收费转移"。有的产品免费给个人用户使用，但是对企业用户收费，如主流的招聘平台。有的产品对用户免费，但是依靠收获的流量吸引广告商投放广告，获取广告收入。

免费模式可以细分为"免费+广告"的商业模式和"免费+流量"的商业模式。

### 1. "免费+广告"模式

这是互联网产品最早的一种商业模式，搜索引擎、门户网站、功能网站大多都采用这种商业模式。无论是融入产品中的闪屏广告页，还是信息流中的广告位，抑或是搜索推广、软文推广等，都是广告的一种呈现方式。

### 2. "免费+流量"模式

基于庞大的人口红利，很多互联网产品的目标已经从单纯的"免费+广告"模式转移到"免费+流量"模式。"免费+流量"模式的变现途径有很多，如为服务提供商导流意向客户，为其他产品增加曝光，为线下服务提供商引流等。具体而言，地图类产品中会有"发现附近商家"的功能，这是在向各合作方提供导流服务。装修类产品中会有"申请免费报价"功能，目的是采集意向用户的信息，之后传递给合适的装修服务商。驾考类产品中除了有一些帮助用户备考驾驶证考试的课程、视频、题库，还展示了一些与驾考没有任何关系的产品和服务，这是为了基于自身产品的高流量进行导流。

## ❄ 二、付费模式

付费模式主要有买断模式、平台佣金模式和增值功能付费模式。

### 1. 买断模式

这是最简单的付费商业模式，常见做法是互联网产品需要付费才能使用。例如，一些手机 App 需要付费才能使用，一些图片或视频设计软件需要付费才能下载。买断模式的优点在于其能够支撑比较好的现金流，缺点是需要有较强的品牌影响力，且盈利的后劲不足。

### 2. 平台佣金模式

这种商业模式是指买卖双方在平台上完成交易，平台从交易额中抽取一定比例的佣金。抖音商城、淘宝、京东等电商平台都是采用这种模式。相比传统的线下商场，线上平台的商业模式更丰富，除了抽取佣金，还可以从商家报名参加平台活动、投放钻石展位广告中获得收益。

### 3．增值功能付费模式

基础功能免费，高级功能收费，这是很多互联网产品采用的商业模式。这种模式下，互联网产品一般是先用免费的功能吸引用户，抢占市场份额并扩大用户规模，然后再通过增值功能来收费。例如，WPS 提供了免费功能和会员专享功能，会员专享功能包括各种素材库和模板库等；爱奇艺、哔哩哔哩等长视频类产品推出了会员服务，付费开通会员后，用户可以观看会员专属视频、享受超前点播等增值功能。

现实中，互联网产品往往是多种模式组合使用，互联网产品经理需要去权衡盈利和用户体验等因素，确定合理的商业模式。对互联网产品经理而言，这也是一场有关全局观、业务理解能力和创造思维的综合考验。

 **任务七** 预估投资回报率

## ❋ 一、投资回报率的概念和计算

投资回报率就是人们通常所说的投入产出比，其计算公式为：

投资回报率=利润/投入成本×100%=（收入-成本）/投入成本×100%

投资回报率是衡量产品投入效果的重要指标，也是企业决定产品项目是否要启动或继续进行的重要参考指标。一般投资回报率越高越好，否则企业需要根据企业战略或者产品市场营销目标进行调整。

投资回报率>0 时，收入>成本，随着时间的累积，收益有可能覆盖投入成本；

投资回报率=0 时，收入=成本，在一定时期内，收益能够覆盖投入成本；

投资回报率<0 时，收入<成本，项目处于亏损状态，需要及时调整。

举个例子，某公司开发了一款智能扫描 App，满足用户对于文件扫描、文字提取、图形处理等的需求，采用买断模式，即用户需要付费才能使用。考虑到产品上线初期了解的人较少，于是公司花费 10000 元来投放广告，以增加 App 的下载量。假设投放广告后，该产品累计获得收益 15000 元。在不考虑前期投入的情况下，此次广告投放的投资回报率是 50%，计算方式如下：

投资回报率=（15000－10000）/10000×100%=50%

但是从整个 App 的开发来看，App 上线前需要投入一定的人力成本、设备成本等，假设前期累计投入成本为 200000 元；App 上线后，一年总共获得收益 500000 元，管理、运营成本（含广告投入）为 350000 元，则该 App 的投资回报率是 75%，计算过程如下：

投资回报率=（500000－350000）/200000×100%=75%

以上案例两种算法有明显区别，一种是计算投放广告这一运营策略带来的投资回报率，另一种是计算 App 上线一年的投资回报率。不同场景之间的投资回报率不具备可比性，不能说 App 研发的投资回报率（75%）一定优于广告投放的投资回报率（50%），两者对投入的划定不一样，因而无法进行直接的比较。

## 二、投资回报率的提升

从投资回报率的计算公式可以看出，想要提升投资回报率，主要有两种方法，一是提升收入，二是降低投入成本，即所谓的"开源节流"。

### 1．提升收入

首先来看收入的计算公式：

收入=用户数×人均付费

=用户数×付费转化率×客单价

从计算公式中可以得知，提升收入需要从增加用户数、提升付费转化率、提升客单价 3 个方面着手。

（1）增加用户数

增加用户数可以从优化获客渠道和增加渠道推广的广告投放两方面来进行。增加用户数只是第一步，还需要提升用户的活跃度，因为用户活跃度越高，其付费的概率就越大。保持产品功能的迭代频率、发布新的"玩法"等，均有利于提升用户活跃度。对于潜在流失用户或沉默用户，则可以采用短信通知、邮件通知、App 内消息通知的方式唤醒。

（2）提升付费转化率

要想提升付费转化率，一方面要精准定位目标用户，定位越精准，用户付费转化率越高。另一方面，根据用户的习惯和兴趣等因素个性化推荐产品，也是提高付费转化率的有效途径。

（3）提升客单价

提升客单价可以从两个方面去考虑。一是提升复购率，例如很多产品推出的"连续包月可以享受价格优惠"的策略，就是为了提升产品的复购率。二是提供多样化的付费模式，例如不同服务执行不同定价，推出会员打包价等。

### 2．降低投入成本

对实际项目来说，可投入的资金和资源是有限的，因而如何降本增效成为项目投入成本控制的核心，常见的方法有降低运营成本、降低开发成本等。降低运营成本实质上是要求提升运营效率，花较少的钱做更多的事。例如渠道投放时，通过用户画像标签，精准筛选适合产品的用户人群，最终达到高效获客的目标。降低开发成本可以前期仅保证核心功能开发，减少对不必要的其他功能的投入。例如，微信上线之初，仅有聊天窗口；朋友圈、公众号、小程序等功能都是随着业务的发展而逐步迭代增加的，这样可以控制投入成本。

 项目小结

本项目介绍了互联网产品规划的意义，从构建应用场景、设计产品功能结构、设计产品信息结构、设计产品流程、设计产品商业模式和预估投资回报率几个方面介绍了互联网产品规划的步骤，在帮助读者了解产品规划方法的同时，也为后面内容的学习做好准备。

## 过关测试

**单项选择题**

1. 从功能层面来说，一款产品应该包括核心功能、次要功能和（　　　）功能。

 A. 非核心   B. 系统辅助   C. 非必要   D. 首要

2. 一般情况下，产品的总功能可分解为若干分功能，各分功能又可进一步分解为若干二级分功能，以此类推。这种由分功能或功能单元按照逻辑关系连成的结构称为（　　　）结构。

 A. 功能    B. 流程    C. 信息    D. 数据

3. （　　　）分为业务流程图、数据流程图和页面流程图 3 类。

 A. 产品流程图       B. 产品结构图

 C. 产品信息结构图     D. 产品商业模式图

4. 手机图库中的图片一般包括图片名称、拍摄地点、拍摄日期、图片尺寸等，这属于产品的（　　　）图。

 A. 功能结构   B. 信息结构   C. 流程   D. 业务

5. 计算一款产品的投资回报率时，不属于提升收入的方法的是（　　　）。

 A. 增加用户数      B. 提升付费转化率

 C. 提升客单价      D. 降低成本

## 拓展阅读

### 科大讯飞：深耕人工智能赛道的科技公司

  面对 AI 大模型带来的人工智能新机遇，科大讯飞声称坚定投入，从而导致由盈转亏。2024 年上半年亏损 4 亿元，2023 年同期则盈利 7357 万元。其中，2024 年上半年，科大讯飞围绕大模型相关的总投入超过 13 亿元，包括围绕大模型新增 1.2 亿元营销推广费用。2024 年上半年的研发总投入高达 21.9 亿元，同比增长 32.32%。

  尽管大模型的投入影响了科大讯飞的短期经营业绩，但其坚持构建核心技术自主可控性，进一步奠定扎实的技术基础。同时，大模型驱动科大讯飞业绩呈良性发展。2024 年上半年营收 93 亿元，同比增长 18.9%，其核心业务发展也更加健康。

  目前，科大讯飞依托大模型技术在语音、翻译、表格识别等方面的应用的技术方向，通过已有算力已经可以做到业界最好；在教育、医疗、汽车等业务方向上，大模型的应用价值也不断展现出来并初步形成商业闭环。

  其中，2024 年上半年，科大讯飞来自教育产品和服务方面的营收达 28.6 亿元，同比增长 25%；医疗业务营收 2.28 亿元，同比增长 18.8%；开放平台营收 23.45 亿元，同比增长 47.92%；智能硬件营收 9 亿元，同比增长 56.61%；汽车业务营收 3.5 亿元，同比增长 65.49%。讯飞星火大模型持续强化 AI 技术制高点与行业应用落地，也进一步为科大讯飞的教育、医疗、汽车与开放平台等各项核心业务树立了更高的技术壁垒和优势。

值得一提的是，自 2024 年 1 月 30 日讯飞星火大模型 V3.5 正式发布至 2024 年 6 月 30 日，5 个月的时间内，讯飞开放平台开发者数量从 598 万人增长到 706 万人，新增超 108 万人，大模型开发者达 58 万人，开发者数量持续高速增长。同时，升级发布的讯飞星火 V4.0 在底座能力上全面对标 Chat GPT-4 Turbo。

当前，各界都致力于利用生成式 AI 的变革能力，各企业纷纷顺势而为，试图加速向智能化升级，利用生成式 AI 改造企业整体运营。根据 Gartner 所发布的 2024 年十大战略技术趋势，到 2026 年将有超过 80%的企业使用生成式 AI。

随着大模型技术的突破，一个增长新时代即将开启，而这预示着深耕人工智能赛道的企业将会迎来更大的机遇。对科大讯飞而言，作为一家践行人工智能应用落地的企业，面对大模型的机遇，讯飞星火大模型商业化落地不断扩大、未来自我造血能力不断增强，盈利能力会逐步释放，从而收获人工智能的产业发展红利。

项目
五

# 设计产品原型

📖 项目导读

完成了产品规划以后，就可以设计产品原型了。通常互联网产品经理会制作低保真原型图，将想法传达给设计师、前端工程师、开发工程师和测试工程师，进而产出产品需求文档。那么，如何绘制产品原型图？如何设计交互效果？如何撰写产品需求文档？本项目将对以上内容进行详细讲解。

📖 学习目标

➤ **知识目标**

1. 了解原型设计的概念。

2. 了解低保真原型图。

3. 理解产品需求文档。

➤ **能力目标**

1. 掌握使用 Axure RP 11 绘制产品原型图的方法。

2. 能够绘制出低保真产品原型图。

3. 能够撰写产品需求文档。

➤ **素质目标**

1. 具有较强的动手能力和软件操作能力，能够绘制出产品原型图。

2. 具备较强的设计思维和美学思维，能够形成有关产品原型视觉效果的创意。

3. 遵守相关法律法规，在进行产品原型设计时不侵权。

4. 具备精益求精的职业态度，能够对产品原型图反复打磨。

## 任务一　了解原型设计

### ❋ 一、了解原型设计的概念

原型设计是指在进行产品设计和开发之前，通过效果图来模拟产品的视觉效果和交互效果。项目二讲过，产品原型设计需要综合考虑产品目标、功能使用场景、用户体验等因素，将各个板块、界面和元素进行排版和布局，获得一个页面的效果图。为了使产品原型效果更加具体、形象和生动，还可以加入一些交互性的元素，模拟页面的交互效果。项目一的任务三介绍过两种类型的产品原型图，即高保真原型图和低保真原型图。有些情况下，会对原型图进行更细的划分，如加入中保真原型图的分类。

微课资源

产品原型设计

保真度意味着原型的外观、行为与最终产品的相似程度。原型的制作通常是从低保真原型开始，并逐渐提高到高保真原型的水平，直到大部分假设都经过验证和修正。

#### 1．低保真原型

低保真原型呈现的是对产品初步的概念和想法，可以使用不同的媒介，设计不同尺寸的原型界面。低保真原型包括草图、线框图、纸质原型等，其制作最简单、便宜，更换成本最低。

（1）草图。草图是最初的想法或假设，互联网产品经理基于业务流程的梳理，结合信息架构，将核心的用户操作界面绘制出来，可以是白板草图、纸质草图等。此外，互联网产品经理会通过绘制大量不同版本的草图来考虑界面交互的方法。

（2）线框图。信息架构和草图可以快速演变成线框图。线框图是静态的页面布局，将各个元素在屏幕上合理布局即可。用线框图制作的低保真原型没有视觉设计，交互方面也只有简单的跳转事件，大多数板块都使用灰色色阶和占位符来指示内容。

#### 2．中保真原型

中保真原型在某些方面看起来像最终产品，它在成本和价值之间取得平衡，将视觉、交互和展示媒介结合在一起。中保真原型包括可点击的原型、编码原型等。基于中保真原型，用户能够完成一个任务的闭环，也就是通过与原型界面交互完成某一工作任务。

（1）可点击的原型。一般使用原型设计软件（例如 Axure RP、墨刀）构建页面，并给每个页面增加交互元素，做到不同页面之间可进行交互。

（2）编码原型。编码原型可以选在浏览器中创建，这要求互联网产品经理懂得 HTML、CSS 等技术。这种原型展示出的界面效果就跟真实产品的界面一样，很逼真。

#### 3．高保真原型

高保真原型经过视觉设计，其界面与真实产品的界面高度一致，数据高度仿真，交互和动画效果也都具备，用户能够与之进行交互。虽然看起来像真的一样，但它仍然是一个原型。

不同保真度的原型所需的制作成本和带来的效果是不一样的，那么原型的保真度可以从哪些方面进行评估呢？

《原型设计：打造成功产品的实用方法及实践》一书，将原型的保真度划分为 5 个维度，包括视觉细化、功能广度、功能深度、交互性和数据模型。其中，视觉细化指在界面中像素级别设计的投入；功能广度表明原型中涵盖了多少大的功能点；功能深度表明原型各个功能的详细程度如何；交互性表示产品的交互部分如何显示给用户；数据模型包含用户在界面中交互的内容及产品前端和后端使用的数据。

如何选择不同保真度的原型，是不是一定要追求高保真原型呢？答案是否定的。如果原型保真度过高，用户就会以为设计已经完成，于是会过分关注细节，忽略整体方案；如果原型保真度太低，用户则可能会迷失方向，不理解原型设计的目的是什么。互联网产品经理要根据产品目标和产品所处的阶段来选择适当的保真度原型，并在制作原型所花费的时间和验证原型带来价值之间取得平衡。

## ✿ 二、熟悉主流的原型设计软件

原型设计软件非常多，这里介绍几个典型代表。

### 1．Axure RP

Axure RP 是一款功能强大的原型设计工具，其操作界面如图 5-1 所示。Axure RP 是目前原型设计领域最常用的工具之一，有着丰富的交互设计功能。利用 Axure RP，互联网产品经理能够快速创建可交互的产品原型，并与团队成员进行协作。

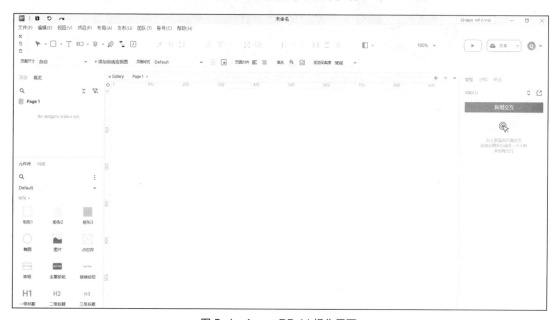

图 5-1　Axure RP 11 操作界面

### 2．Figma

Figma 是一款基于云的在线设计协作工具，具有强大的界面设计和原型设计功能，如图 5-2 所示。Figma 允许多个用户实时协作，用户可以在其中创建和编辑矢量图形、布局设计和交互原型。Figma 的云存储和版本控制功能使得团队成员可以轻松共享设计文件并进行评论和反馈。此外，Figma 还支持插件扩展，用户可以根据需求添加额外的功能和集成。

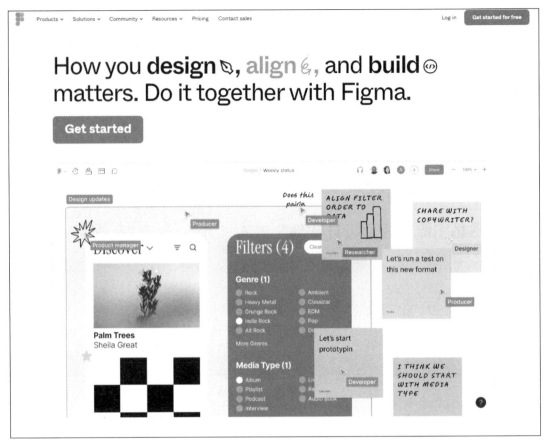

图 5-2 Figma 官方网站

### 3. Pixso

Pixso 是一款国产在线设计协作工具，其操作界面如图 5-3 所示。Pixso 集原型设计、UI 设计、交互设计、设计交付、资源管理等众多功能于一身，可用于互联网产品经理、设计师、工程师跨部门协作，改变不同部门间原先各自使用不同的软件的情况。

图 5-3 Pixso 操作界面

## 4．Balsamiq Mockups

Balsamiq Mockups 是美国加利福尼亚的 Balsamiq 工作室推出的原型图绘制软件。Balsamiq 希望尽量给用户一种近似于直接使用笔和纸绘制原型草图的体验，因此使用 Balsamiq Mockups 画出的原型图都是手绘风格的图像，看上去美观、清爽，如图 5-4 所示。

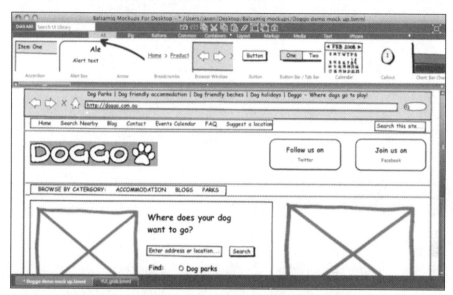

图 5-4　用 Balsamiq Mockups 绘制的原型图的风格

## 5．墨刀

墨刀是一款在线原型设计与协同工具，其操作界面如图 5-5 所示。借助墨刀，用户能够搭建产品原型，演示交互效果。同时，墨刀支持团队协作编辑、审阅，其应用场景非常广泛，如进行产品想法的展示，向客户收集产品反馈，或者是在团队内部协作沟通等。

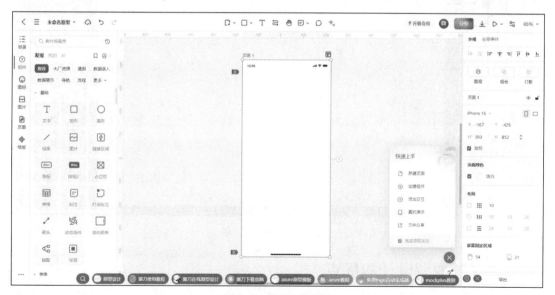

图 5-5　墨刀操作界面

## 6．Visio

Visio 是一款采用拖曳方式绘制原型图的软件，其操作界面如图 5-6 所示。

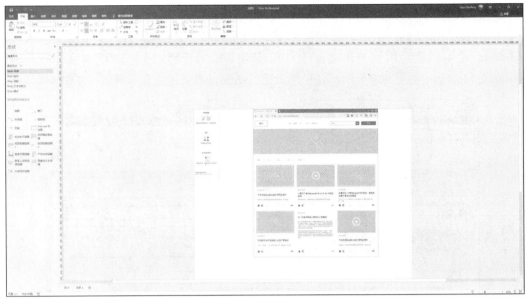

图 5-6　Visio 操作界面

### 7．摹客

摹客是一个集原型设计、UI 设计、设计规范管理、云端协作于一体的平台，支持互联网产品经理、UI 设计师、前端工程师等多角色的高效沟通和创作，其操作界面如图 5-7 所示。摹客拥有海量组件图标、丰富的交互动效，以及矢量编辑、资源复用等功能，可以帮助用户实现设计创意落地，提升团队协作效能。

图 5-7　摹客操作界面

## ❋ 三、了解原型设计的优点

### 1．更加直观地感受产品

产品原型可以将互联网产品的基本框架或模型展示给用户或者团队成员，方便大家理解产品的基本外观和运作机制。一个可交互的产品原型基本上能够像最终的产品那样运行，用户进行各种操作，产品原型则会给予相应的反馈。对用户而言，产品原型可以使其更直观地明白产品的运作方式，体验产品。对设计者而言，使用产品原型可以有效避免重要元素被忽略，也可以避免设计者做出不准确、不合理的假设。对测试者而言，利用产品原型进行可用性测试，能够在产品上线之前排除相当一部分潜在问题。

### 2．提高产品开发的工作效率

有了产品原型，互联网产品的开发过程会更轻松，能减少由于规划不足而造成的反复修改。当互联网产品经理做出一个满意的产品原型之后，前端工程师和后端工程师能够在此基础上开发出更加完善的代码实现方案。

### 3．促进高效沟通和版本修订

有了产品原型之后，团队成员能够围绕产品原型进行快速高效的沟通，不需要彼此发送大量的图片和文件，取而代之的是在产品原型中添加评论和链接，或者是利用原型设计工具内建的反馈工具提交意见，如哪些地方要增删，什么细节要修改，这样一来，大家沟通更快，节省了时间，降低了沟通成本。

产品原型的版本修订是原型设计过程的重要组成部分，它是产品最终能完美呈现的先决条件。随着一次次的修订和迭代，产品本身会越来越优秀，而产品原型版本修订的过程也会越来越快速而简单。

##  任务二 做好低保真原型设计前的准备

下面综合应用 Axure RP 的相关知识，进行 Keep 的低保真原型设计，如图 5-8 所示。

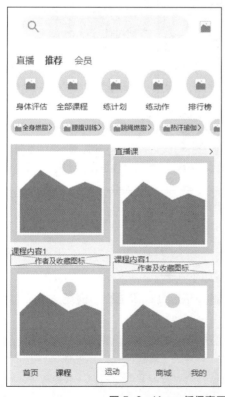

图 5-8 Keep 低保真原型设计及最终效果

## ❉ 一、完成需求描述

利用 Axure RP 11 绘制 Keep 低保真原型，主要设计以下 3 个方面的内容。

（1）绘制 Keep 底部标签导航栏母版，并且将母版添加到"首页""课程""运动""商城""我的" 5 个页面中。

（2）绘制"课程—推荐"页面，其中训练主题标签组支持左右滑动效果，课程内容展示区支持上下滑动效果，如图 5-9 所示。

（3）绘制"身体评估"页面，页面内容支持上下滑动效果。

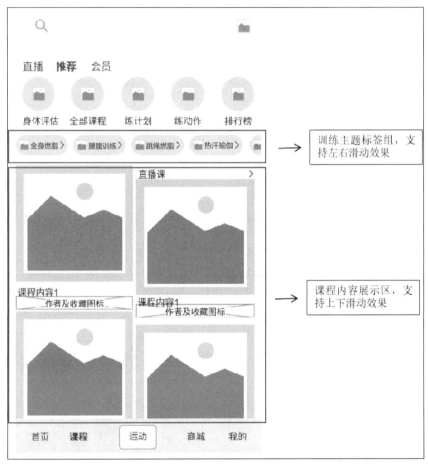

图 5-9 "课程—推荐"页面效果图

## ❉ 二、明确设计思路

进行 Keep 低保真原型制作时，设计思路如下所示。

（1）进行页面布局时，需要用到文本标签、矩形 1、占位符、横线、图片、动态面板等元件。

（2）设计底部标签导航栏时，需要把底部标签导航栏设计成母版，这样可以避免重复制作和重复添加交互效果。

（3）界面内容的上下滑动效果需要使用两个动态面板元件，一个用来外展控制显示区域，另一个用来添加拖动效果，以实现界面内容的上下滑动效果。

进行低保真原型设计，不要使用截图或者过多的颜色，最好使用黑白灰 3 种颜色。互联网产品经理在制作完低保真原型后，将原型交给视觉设计师或 UI 设计师进行界面设计。视觉设计师或者 UI 设计师会制作界面图片并且切图，因此原型里采用什么图片和色调应该交给他们来决定。

 **任务三 设计低保真原型**

## ❋ 一、底部标签导航栏母版设计

绝大部分 App 都喜欢设置底部标签导航栏，一般会设计 3~5 个标签导航菜单。标签导航菜单将 App 模块划分得很清晰，每个菜单承载不同的内容，用户看到菜单名称，大致就可以知道该界面所承载的内容。

Keep 的底部标签导航栏有 5 个标签，分别是"首页""课程""运动""商城"和"我的"。这 5 个标签在很多页面都会用到，把底部标签导航栏制作成母版，可以实现一次制作，多次重复使用的效果。

**步骤 01** 在母版面板新建一个母版"底部标签导航栏"，打开该母版。拖曳一个"矩形 1"元件到工作区作为手机屏幕背景，将其宽度设置为 375，高度设置为 667，坐标位置设置为（0，0），颜色填充为灰色（#F2F2F2），边框设置为白色（#FFFFFF），如图 5-10 所示。

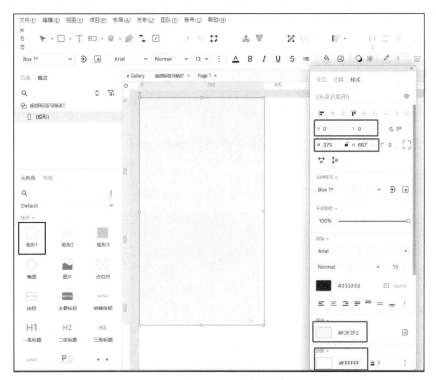

**图 5-10 在工作区设置手机屏幕背景**

**步骤 02** 拖曳一个"矩形 1"元件到工作区，将其宽度设置为 375，高度设置为 50，坐标位置设置为（0，617），颜色填充和边框颜色均设置为灰色（#E4E4E4），作为底部标签导航栏的背景。拖曳4个"文本标签"元件到工作区，其文字内容分别命名为"首页""课程""商城""我的"，拖曳1个"按钮"元件到工作区，将其命名为"运动"，"文本标签"与"按钮"水平分布，效果如图5-11所示。

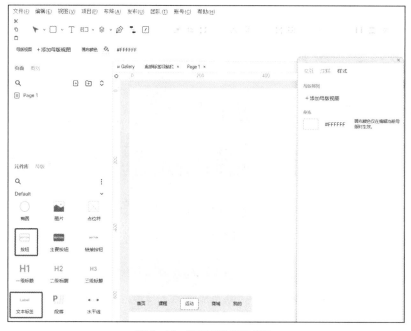

图 5-11　设置导航菜单名称

　　**步骤 03**　在页面面板新建 5 个页面，分别命名为"首页""课程""商城""我的""运动"，如图 5-12 所示。

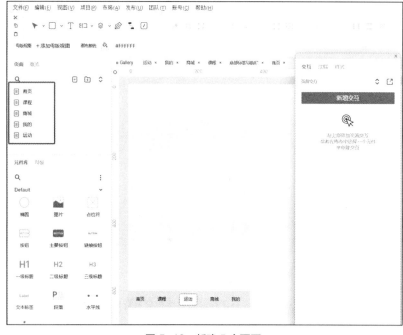

图 5-12　新建 5 个页面

**步骤 04** 拖曳一个"热区"元件到"课程"标签上，为其添加鼠标"单击"时触发事件"打开链接"，并链接到"课程"页面，如图 5-13 所示。

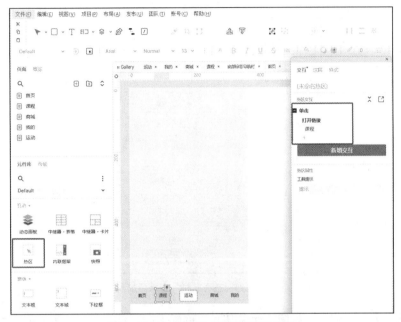

图 5-13 为"课程"标签添加交互效果

**步骤 05** 按照步骤 04 的方法分别为其余标签添加"热区"元件，为其添加鼠标"单击"时触发事件"打开链接"，并链接到相应页面，效果如图 5-14 所示。

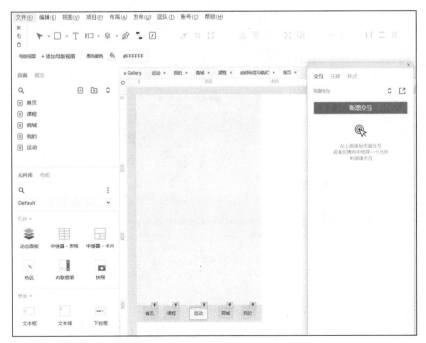

图 5-14 为其余标签添加交互效果

**步骤 06** 用鼠标右键单击"底部标签导航栏"母版，然后单击"添加到页面"选项，将该母版添加到"首页""课程""商城""我的""运动"5 个页面中，如图 5-15 所示。

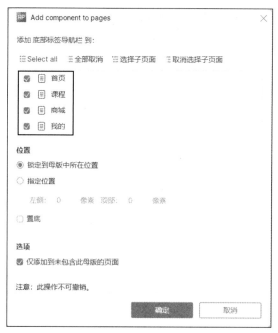

图 5-15 将"底部标签导航栏"母版添加到各个页面

**步骤 07** 进入"课程"页面，在交互面板依次单击"新增交互—页面载入—设置文本"选项，通过"富文本"的方式设置"课程"文本，字体设置为 Negreta，即加粗效果，文字居中对齐，如图 5-16 所示。设置完成后，该导航标签呈现为选中状态。运用同样的方式为其他 4 个导航标签设置选中状态。

图 5-16 底部标签导航栏选中状态设置

**步骤 08** 按"Fn+F5"键发布原型，单击不同的导航标签，相应的标签字体加粗，呈现为选中状态，如图 5-17 所示。

图 5-17　发布原型

## ❈ 二、"课程"页面设计

"课程"页面主要由搜索状态栏、标签导航菜单、页面功能导航区及页面内容显示区 4 部分组成。

**步骤 01**　进入"课程"页面，拖曳 1 个"矩形 1"元件到工作区，将其宽度设置为 375，高度设置为 80，颜色填充和边框颜色均设置为白色（#FFFFFF）。再拖曳 1 个"矩形 3"元件到工作区，将其宽度设置为 300，高度设置为 40，矩形圆角半径设置为 20，颜色填充为灰色（#F2F2F2），边框颜色设置为白色（#FFFFFF），完成搜索框的设计。通过"椭圆"和"线段"元件绘制"搜索框放大镜"图标，并将其与搜索框组合，圆形直径为 15。拖曳 1 个"图片"元件放在搜索框后面作为图标，宽度和高度都设置为 20。完成后的页面如图 5-18 所示。

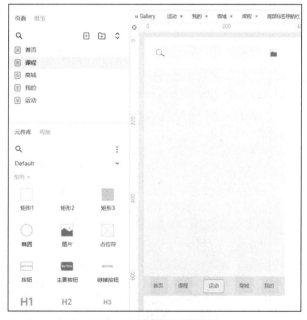

图 5-18　搜索状态栏设计

**步骤 02**　进入"课程"页面，拖曳 1 个"矩形 1"元件到工作区，将其宽度设置为 375，高度设置为 30，颜色填充和边框颜色均设置为白色（#FFFFFF）。拖曳 3 个"文本标签"元件到工作区，分别命名为"直播""推荐""会员"。完成后的页面如图 5-19 所示。

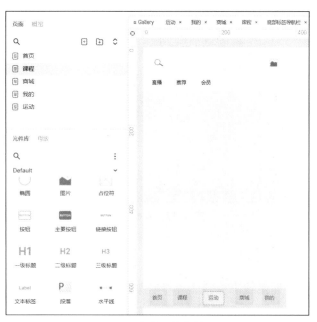

图 5-19　标签导航菜单设计

**步骤 03**　在"课程"页面下，新建"直播""会员"子页面（此处"推荐"子页面与"课程"页面为同一页面）。采用前文所描述的底部导航标签的设计方法，分别进行"直播""会员""推荐"三个页面的交互设计。最后，按"Fn+F5"键发布原型，单击不同的导航标签，相应的标签字体加粗，呈现为选中状态，如图 5-20 所示。

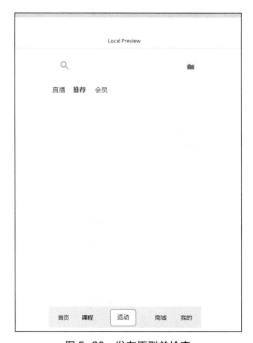

图 5-20　发布原型并检查

以"推荐"页面功能导航区和内容显示区为例设计"课程"页面的功能导航区和内容显示区。

**步骤 04** 在"课程"页面下，拖曳 1 个"矩形 1"元件到工作区，将其宽度设置为 375，高度设置为 80，颜色填充和边框颜色均设置为白色（#FFFFFF）。拖曳 5 个"椭圆"元件到工作区，将其高度和宽度均设置为 50，颜色填充为灰色（#D7D7D7），边框颜色设置为白色（#FFFFFF）。拖曳 5 个"图片"元件到工作区，将其高度和宽度均设置为 20，作为各功能模块的图标。拖曳 5 个"文本标签"元件到工作区，分别命名为"身体评估""全部课程""练计划""练动作""排行榜"。拖曳 5 个"热区"元件到工作区，将其宽度设置为 65，高度设置为 75，"热区"交互动作分别设置为"单击—链接到"对应页面。完成后的页面如图 5-21 所示。

图 5-21 页面功能导航区设计

**步骤 05** 在"课程"页面下，拖曳 1 个"矩形 1"元件到工作区，将其宽度设置为 375，高度设置为 60，颜色填充和边框颜色均设置为白色（#FFFFFF）。拖曳 1 个"矩形 3"元件到工作区，将其宽度设置为 80，高度设置为 30，圆角半径设置为 30。拖曳 1 个"图片"元件到工作区，将其宽度和高度均设置为 15，将其作为功能条图标。拖曳 1 个"文本标签"元件到工作区，文本内容设置为"全身燃脂"。利用"线段"元件绘制功能条图标中的指示符号。上述工作完成后，将各元件进行组合，效果如图 5-22 所示。

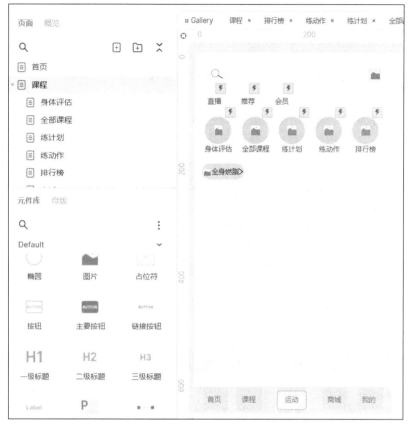

图 5-22　单个功能条模块设计

**步骤 06**　按照步骤 05 分别制作其余 15 个功能条，并进行组合，组合后的功能条命名为"标签组"，如图 5-23 所示。

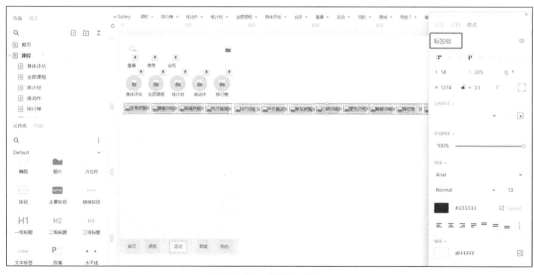

图 5-23　设置标签组

**步骤 07**　用鼠标右键单击组合的标签组，单击"转换为动态面板"选项，如图 5-24 所示。

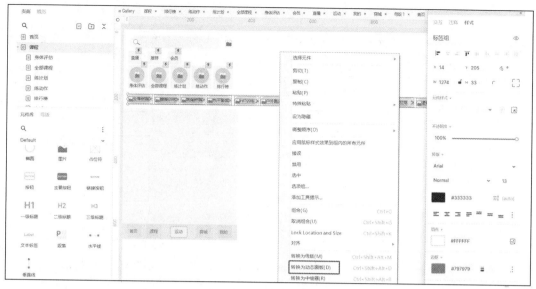

图 5-24　转换为动态面板

**步骤 08**　在样式面板中，将动态面板命名为"滑动面板"，将其宽度设置为 375，高度设置为 30，如图 5-25 所示。

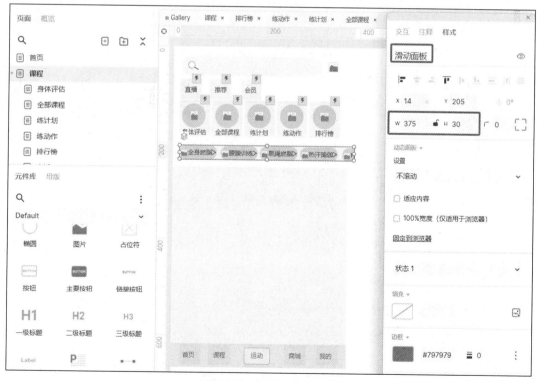

图 5-25　动态面板样式设置

**步骤 09**　完成动态面板样式设置后，对其进行交互设置，以达到滑动显示效果。在交互面板依次单击"新增交互—拖动—移动"选项，"目标"为"标签组"，"移动"为"With drag x"（沿 X 轴拖动），单击"更多选项"，"轨道"设置为"直线"，"移动范围限制"设置为"左侧≤0""左侧≥-1052"，如图 5-26 所示。

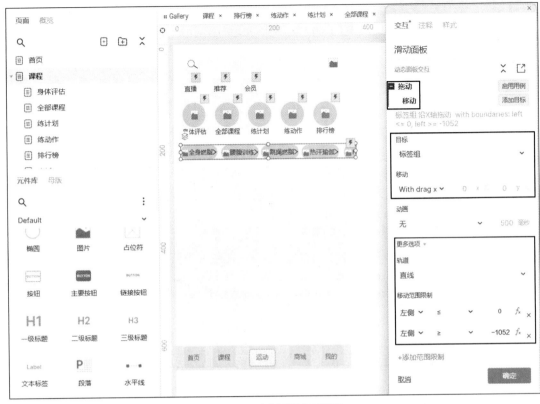

图 5-26　动态面板交互设置

**步骤 10**　完成上述设置后，按"Fn+F5"键发布原型，检查滑动效果，如图 5-27 所示。

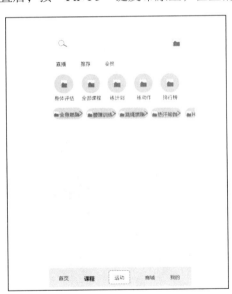

图 5-27　发布原型并检查滑动效果

**步骤 11**　在"课程"页面下，分别拖曳 1 个"图片""文本标签"和"占位符"元件，绘制页面内容显示区的显示模块，完成后的效果如图 5-28 所示。

**步骤 12**　按步骤 11 所述方法绘制其他显示模块，为了呈现内容显示区上下滑动的效果，此处绘制的显示模块应超过页面显示区范围，如图 5-29 所示。

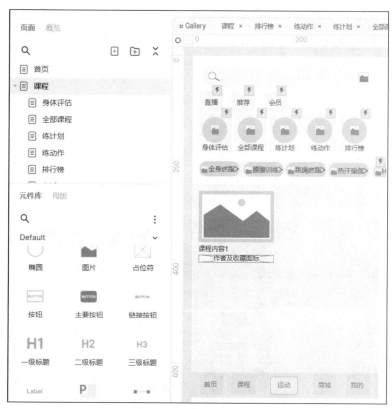

图 5-28　绘制页面内容显示区的显示模块

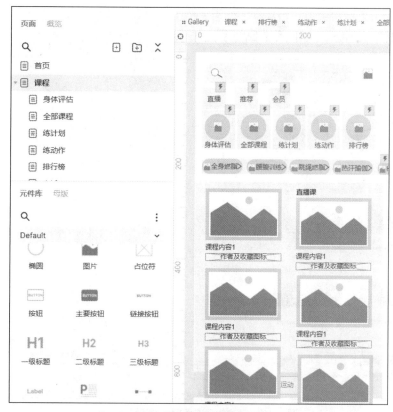

图 5-29　页面内容显示区

**步骤 13** 选中图 5-30 所示三个区域的所有元件和元件组合，进行再次组合操作，并命名为"滑动标签组合"。

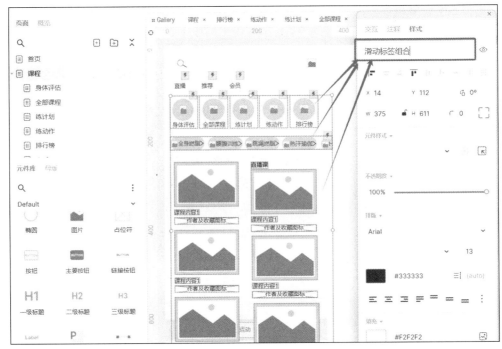

图 5-30 组合操作

**步骤 14** 用鼠标右键单击滑动标签组合，单击"转换为动态面板"选项，并将动态面板命名为"上下滑动面板"，样式参数如图 5-31 所示。

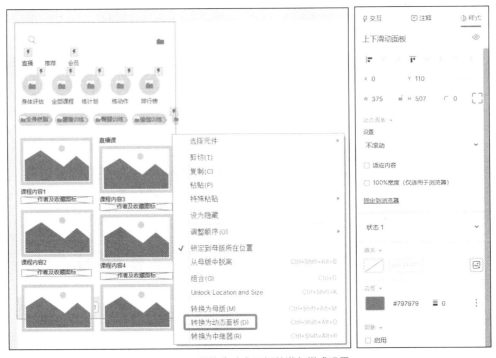

图 5-31 转换为动态面板并进行样式设置

**步骤 15** 选中上下滑动面板，为其设置交互效果。在交互面板，依次单击"新增交互—拖动—移动"选项，"目标"选择"滑动标签组合"，"移动"选择"With drag y"（沿 Y 轴拖动）选项。根据动态面板内容的多少设置顶部移动范围限制，此处设置为（-1500，0）区间，如图 5-32 所示。

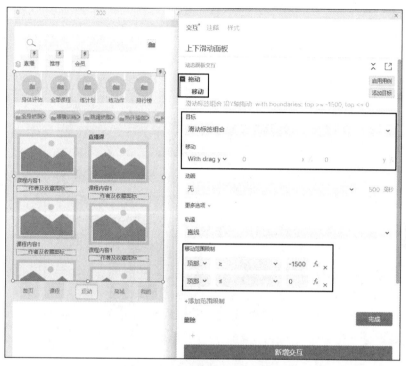

图 5-32 动态面板交互效果设置

**步骤 16** 完成上述设置后，按"Fn+F5"键发布原型，检查上下滑动效果，如图 5-33 所示。

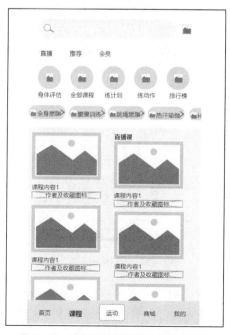

图 5-33 发布原型并检查上下滑动效果

## ❋ 三、"身体评估"页面设计

在 Keep "课程"页面的"推荐"子页面，单击"身体评估"按钮，会进入"身体评估"页面。该页面的内容可供用户根据需要对自身的身体状态进行评估，如图 5-34 所示。

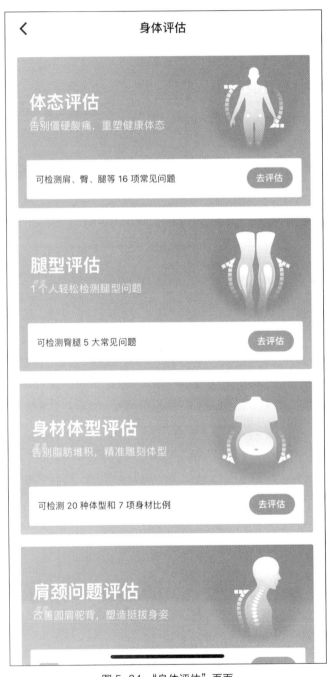

图 5-34 "身体评估"页面

**步骤 01** 在"课程"页面下，新建"身体评估"页面。拖曳 1 个"矩形 1"元件到工作区，宽度设置为 375，高度设置为 667，颜色填充为灰色（#F2F2F2），边框颜色设置为白色（#FFFFFF），如图 5-35 所示。

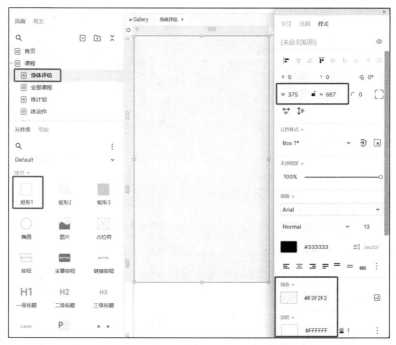

图 5-35　新建"身体评估"页面并设置样式

**步骤 02**　拖曳 1 个"矩形 1"元件到工作区，宽度设置为 375，高度设置为 50，颜色填充和边框颜色均设置为白色（#FFFFFF）。拖曳 1 个"文本标签"到工作区，命名为"身体评估"，并用"线段"元件绘制返回图标，如图 5-36 所示。

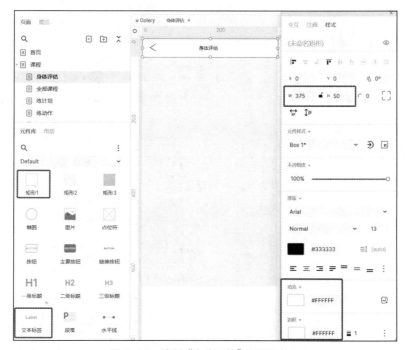

图 5-36　绘制"身体评估"页面导航区

**步骤 03**　拖曳 1 个"动态面板"元件到工作区，位置设置为（0，50），宽度设置为 375，高度设置为 617，如图 5-37 所示。

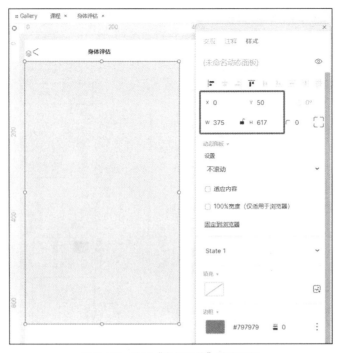

图 5-37　绘制"身体评估"动态面板

**步骤 04**　按照"课程"页面设计的相关步骤，在"身体评估"动态面板上绘制内容显示模块，绘制完成后的效果如图 5-38 所示。

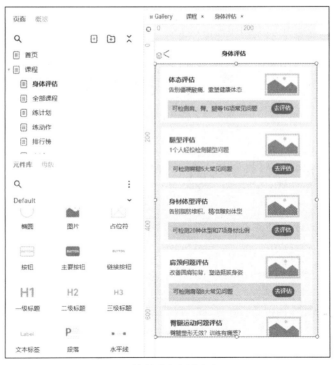

图 5-38　绘制动态面板内容显示区

**步骤 05**　动态面板内容显示区绘制好以后，可对动态面板显示区内容进行组合，方便后续交互效果的设计，如图 5-39 所示。

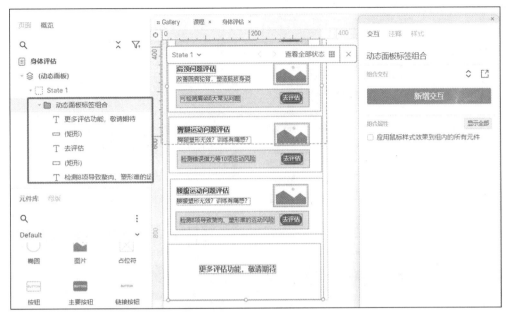

图 5-39 组合动态面板显示区内容

**步骤 06** 设置动态面板交互效果，在交互面板，依次单击"新增交互—拖动—移动"选项，然后"目标"选择"动态面板标签组合"，"移动"选择"With drag y"（沿 Y 轴拖动），"轨道"选择"直线"，"移动范围限制"设置为顶部（–1000，0），如图 5-40 所示。

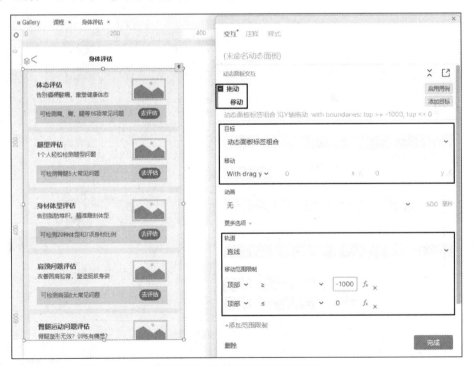

图 5-40 动态面板交互效果设置

**步骤 07** 拖曳 1 个"热区"元件到工作区，为返回图标设置交互效果。在交互面板依次单击"新增交互—单击—打开链接—课程"选项，如图 5-41 所示。如此，便完成了"身体评估"页面与"课程"页面的切换交互设计。

图 5-41　返回图标交互效果设置

**步骤 08**　按"Fn+F5"键发布，预览原型效果，如图 5-42 所示。

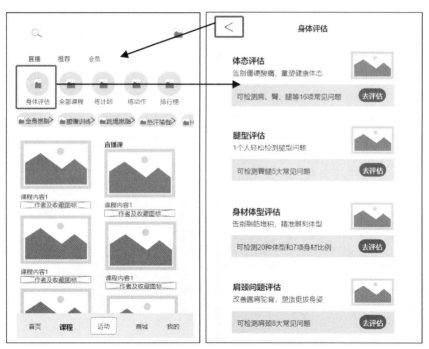

图 5-42　原型预览效果

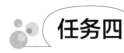 **任务四**　撰写产品需求文档

微课资源

撰写产品需求文档

项目三介绍过商业需求文档、市场需求文档和产品需求文档是产品开

发过程中的三大文档，且重点讲解了前两者，这一部分则介绍产品需求文档。

设计好产品的低保真原型后，一个定义清晰、功能与逻辑明确、体验效果具体的产品就已经浮现在眼前了，接下来的工作就是汇总前期的成果，按照一定的形式对这些成果进行归纳和说明，形成产品需求文档。产品需求文档的质量直接影响到研发部门能否明确产品的功能和性能，因此学会撰写产品需求文档对互联网产品经理而言十分重要。

## ❋ 一、了解产品需求文档

产品需求文档是对产品功能的详细说明，一般包含产品结构图、产品流程图、页面说明、交互说明等，是将商业需求文档和市场需求文档用更加专业的语言进行描述的文档。产品需求文档主要面向项目经理、设计师、前端工程师、后端工程师和测试工程师，目的是让他们看懂产品的具体需求。

## ❋ 二、理解产品需求文档的重要性

产品需求文档的重要性主要表现在以下 3 个方面。

### 1. 传达产品开发需求

例如，通过产品需求文档，研发人员可以了解页面元素和用例规则。当项目加入新的成员时，他也可以通过产品需求文档更快地了解产品需求，熟悉产品内容。

### 2. 保证各部门沟通时有理有据

以产品需求文档为蓝本，有助于增强各部门之间的共识，提高沟通效率。

### 3. 使产品质量控制有具体标准

一个产品从前期调研、确认需求到开发、上线，需要经历多次版本迭代，如果没有产品需求文档，版本迭代和质量控制就会变得没有依据可循。

综上所述，一份完整、专业的产品需求文档对互联网产品的开发至关重要。

## ❋ 三、明确产品需求文档的内容提纲

产品需求文档的内容提纲主要包括以下几点。

### 1. 产品名称

产品需求文档要写清楚具体的产品名称，以便于区分不同项目或产品。

### 2. 版本历史

版本历史主要包括文档版本、修改时间、变更人、变更说明、审核人等。在变更说明中，互联网产品经理需要说明自己修改的需求在目录中的编号，让其他部门的人员可以直观地查看到本次修改的内容。

### 3. 目录

产品需求文档的页面少则几页，多则几十页，为了让其他部门的人员快速定位自己负责的板块，目录也是必不可少的。

### 4. 项目介绍

项目介绍主要分为项目背景、项目价值和项目目标，主要是为了让其他部门的人员或者

新加入团队的成员更加清楚产品的业务方向与业务存在的市场价值。

### 5．需求方案描述

需求方案描述要体现出产品需求的核心流程和功能点，其中包含项目的实体关系图和业务流程图。对于逻辑比较复杂的业务，可以在流程图下方增加文字说明，协助研发人员梳理逻辑线，以保证开发方向的准确性。

### 6．项目风险

如果项目存在较高的风险，互联网产品经理应在这一部分告诉其他人员该项目需要注意的地方，以防出现项目风险。

### 7．功能需求

这是产品需求文档中最为核心的部分，也可以理解为功能清单。这一部分需要将产品的所有功能点罗列出来，并写清楚每个功能的功能描述、优先级、需求逻辑描述、相关细节性描述、相互作用描述、交互说明等。其写作以简洁明了为原则，目的是让研发人员对产品有清晰、明确的理解。

### 8．运营计划

互联网产品经理需要与运营人员协作撰写产品的后期运营计划，也可以写明项目的阶段说明，便于让研发人员了解产品逻辑。例如，某个功能分三期进行研发上线，在这一期只做第一阶段的某功能，其余版块需预留好接口。

### 9．非功能性需求

非功能性需求主要包含埋点需求、性能需求、兼容性需求、环境需求、统计需求、预留接口需求等，这里需要互联网产品经理根据实际业务进行撰写。

### 10．上线要求

这部分需要描述本次项目的最终效果，让研发人员以此为目标进行开发，测试人员以此为目标进行测试。

## 项目小结

本项目介绍了互联网产品原型设计的相关知识，通过 Keep 低保真原型的制作讲解了 Axure RP 11 的操作方法，帮助读者更好地掌握 Axure RP 11 的操作和绘制产品原型的方法。

## 过关测试

**单项选择题**

1. 下列关于原型设计的说法中，错误的是（　　　）。

    A．原型设计就是将各个板块、界面和元素进行排版和布局，获得一个页面的效果图

    B．按照与真实产品的相似程度，原型可以分为低保真原型和高保真原型

C. 为了保证原型的效果，一定要用软件绘制原型，用纸和笔绘制的原型无法展示出设计师的想法和思路

D. 为了使效果更加具体、形象和生动，产品原型中还可以加入一些交互性的元素，模拟页面的交互效果

2. 原型设计的优点不包括（　　）。

    A. 更加直观地感受产品　　　　　　　　B. 提高产品设计的工作效率

    C. 促进高效沟通和版本修订　　　　　　D. 更能预测用户需求

3. 通常以简单的线框图呈现，细节不是很清楚，界面也比较粗糙，但是修改成本低，可以快速产出的原型图属于（　　）。

    A. 高保真原型图　　　　　　　　　　　B. 中保真原型图

    C. 低保真原型图　　　　　　　　　　　D. 手绘原型图

4. 常见的原型设计工具不包括（　　）。

    A. Axure RP　　　　B. 墨刀　　　　C. Visio　　　　D. 剪映

5. 下列关于原型图绘制的说法，正确的是（　　）。

    A. 在绘制原型图时，一定要追求视觉效果，并且能够进行互动，最好跟未来开发出来的产品一模一样

    B. 当前的设计软件都只能对元素进行布局，无法模拟页面的交互效果

    C. 原型图通常分为低保真原型图和高保真原型图

    D. 产品原型图是由互联网产品经理一人完成的，所以不需要考虑软件协作的问题

## 拓展阅读

### "云"与"云"的握手：云听与华为云达成全面战略合作

2024 年 10 月 30 日，央广云听文化传媒有限公司（以下简称"云听"）与华为云计算技术有限公司（以下简称"华为云"）在深圳签署战略合作协议，双方将围绕 AIGC（Artificial Intelligence Generated Content，人工智能生成内容）、人工智能大模型应用、终端应用营销服务等业务开展全方位合作。

云听是继央视频上线之后，中央广播电视总台推出的基于移动端发力的以音频为特色的新媒体平台，致力于以主流声音传播主流价值，积极塑造全新移动互联网音频媒体生态。云听主打"听精品""听广播""听电视"三大内容板块。其中，"听精品"重点包含有声阅读、知识付费、头部 IP 等内容，从市场热点及用户需求出发，进行内容定制生产及版权引入；"听广播"聚合全国电台直播流，并提供广播节目的碎片化点播收听服务；"听电视"协同央视频将中央广播电视总台的优质视频内容进行音频化呈现，叠加音频、视频的"合力效应"，实现音视频价值最大化，形成中央广播电视总台音视频移动端产品"一体两翼"的格局。云听通过知识付费、互动打赏、广告营销等业务、功能，带动产品逐渐向商业化运营进军，使中央广播电视总台优质的声音产品得到最大化的开发和价值体现。

云听现已登陆各大手机品牌的应用市场，满足手机用户下载使用的需求。同时，央广传

媒与主流汽车厂商合作开发的云听车联网产品也将陆续推出，为驾乘用户提供更优质便捷的产品和服务。

历经四年多的沉淀与发展，截至 2024 年 10 月，云听累计用户已有近 4 亿人，其中智能网联车载端用户突破 1 亿人，是规模增速最快的移动互联网音频平台和用户保有量最大的车联网音频媒体平台。近年来，云听不断探索音频媒体平台的创新，在三维菁彩声创新应用、音频数字人研发应用等方面实现突破。

华为云作为全球领先的信息与通信解决方案供应商，在云计算、大数据、人工智能、机器视觉、智能协作和行业应用等领域拥有深厚的积累。一直以来，华为云致力于开放华为工程场景与数字化经验，不断围绕客户需求进行持续创新，运用数智技术打造全新的"数字化传播话筒"与传媒行业合作，共筑行业新质生产力。

本次签约，云听和华为云将围绕数字人直播、数字人主持人出镜等，打造全新的数字化制作机制；在技术研发和内容定制方面，双方将深度探索数字人渲染技术的终端硬件要求、传播内容合规及业务场景的定制化等合作细节；在 AIGC 相关领域，双方将围绕 AIGC 音频创作的技术支撑和核心算法展开进一步的研究。

云听和华为云还将聚焦利用 AI 技术更好地保护版权，在对用户行为分析的基础上，生产符合用户个性化需求的音频内容，从而提升用户体验、加强业务闭环。

在人工智能大模型和终端应用等相关领域，云听和华为云将基于华为云盘古大模型，共同探索 OTT（Over the Top，即越过运营商，发展视频及数据服务业务）业务的二次垂类模型开发；基于华为应用市场，为用户提供更加智能化、数字化的服务体验。

数字化时代，信息技术日新月异，同时也带来了媒介渠道、传播范式和内容形态的革新。精细化、多元化、碎片化的传媒语境，要求传媒行业必须乘上数字化、数智化的"快车"。未来，云听将与华为云一道，深耕行业一线，重塑传播格局，在信息传递、文化传播等领域唱出嘹亮的"中国声音"。

# 项目六 实施产品开发和测试

## 🛒 项目导读

面对复杂多变的市场竞争环境，互联网公司大多以满足用户需求为核心，采用敏捷开发、循序渐进的方法进行互联网产品开发。只有做好产品开发管理工作，才能保证项目有序推进，直至产品测试完成，为产品发布做准备。本项目将介绍产品开发和测试的相关知识。

## 🛒 学习目标

➢ **知识目标**

1. 理解产品敏捷开发的概念和意义。
2. 了解产品开发管理的环节。
3. 理解产品开发的流程。
4. 理解产品测试的内容和步骤。

➢ **能力目标**

1. 能够说出产品开发的流程。
2. 能够说出产品测试的内容和步骤。

➢ **素质目标**

1. 具备较强的理解能力、分析能力，对互联网环境下产品开发管理的必要性有较深入的理解。
2. 具备较强的职业素养，树立产品开发管理中的版权意识。

## 任务一　了解产品开发的技术和模式

根据项目二任务一部分的介绍，我们知道互联网产品的开发流程分为以下 7 个阶段：产品构想、产品需求分析、产品规划、产品原型设计、产品开发和测试、产品发布和推广、产品迭代。产品开发和测试是互联网产品开发中非常重要的环节。需要注意的是，这里的产品开发是狭义的概念，指的是开发团队根据产品需求文档和产品原型进行编码并实现产品的功能。开发团队可以选择适合的编程语言和开发框架，以提高开发效率和产品性能。测试也是不可或缺的一步，目的是发现并修复潜在的问题和错误。

微课资源

了解产品开发

从开发团队的角度来说，互联网产品开发可以划分为立项阶段、设计阶段、开发测试阶段、上线阶段和迭代阶段，如图 6-1 所示。互联网产品经理主要负责立项阶段和设计阶段的工作，并参与开发测试、上线和迭代阶段的工作。本项目主要讲解开发测试阶段的相关工作流程。

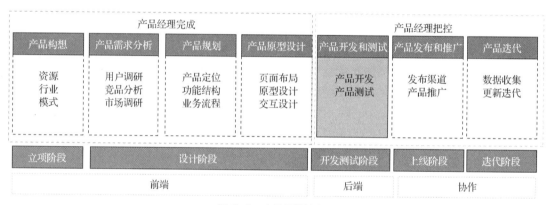

图 6-1　产品开发流程

## ❋ 一、产品开发技术

### 1．前端开发技术

以移动端应用程序开发为例，前端开发技术主要包括 HTML、CSS 和 JavaScript。HTML 用于创建应用程序的结构，CSS 用于样式设计，JavaScript 用于实现交互功能。此外，还可以使用前端框架（Framework）来简化开发过程，或使用前端库（Library）解决局部问题。

前端框架和前端库都是前端开发中常见的概念，其区别在于它们解决的问题有所不同。

前端框架是一个全面的解决方案，通过一系列的规则、工具和 API（Application Programming Interface，应用程序编程接口）来指导和约束开发者，从而使开发者能够快速搭建出一个完整的应用程序。常见的前端框架有 Angular、React、Vue.js 等。

前端库是一个小巧灵活的代码库，通常专注于解决某个特定的问题或提供某个具体功能，例如 DOM（Document Object Model，文档对象模型）操作、动画效果、表单验证等，开发人员可以根据需要灵活组合使用。常见的前端库包括 jQuery、Lodash 等。

总之，前端框架和前端库都是前端开发中不可或缺的工具，开发人员可以根据自己的需求和项目特点选择合适的前端框架或前端库。

## 2．后端开发技术

后端开发中的主流技术包括编程语言、Web 框架、数据库、版本控制系统、容器化技术、云计算平台、API 网关和消息队列等。

（1）编程语言

Python：目前最流行的编程语言之一，在后端开发中被广泛使用。它具有丰富的第三方库，可以快速开发各种应用程序。

Java：这也是一种流行的编程语言，在后端开发中被广泛使用。它具有良好的可维护性和可扩展性，适用于各种不同类型的应用程序的开发。

C#：微软开发的一种编程语言，常用于构建 Windows 应用程序和 Web 应用程序。

PHP：一种流行的服务器端编程语言，常用于构建动态网站和 Web 应用程序。

（2）Web 框架

Django：Python Web 框架，具有强大的 ORM（Object Relational Mapping，对象关系映射）和模板系统，可以快速构建复杂的 Web 应用程序。

Spring：Java Web 框架，提供了一系列工具来构建高效的 Web 应用程序。

ASP.NET：微软开发的 Web 框架，用于构建 Web 应用程序和服务。

Larave：PHP Web 框架，提供了强大的路由、控制器和 Eloquent ORM 等功能，可以快速构建 Web 应用程序。

（3）数据库

MySQL：关系型数据库管理系统，常用于后端开发。它提供了丰富的 SQL（Structured Query Language，结构化查询语言）支持，可以快速查询和操作数据。

PostgreSQL：关系型数据库管理系统，常用于后端开发。它具有丰富的数据类型和索引支持，可以进行复杂的查询。

MongoDB：非关系型数据库管理系统，常用于构建大型、高可扩展性的应用程序。它采用文档存储模型，可以快速存储和查询大量的数据。

（4）版本控制系统

Git 是一个流行的分布式版本控制系统，常用于后端开发。它可以跟踪文件的每一次更改，方便团队协作和代码管理。

（5）容器化技术

Docker 是一种流行的容器化技术，可以让用户将应用程序打包到一个可移植的容器中，方便在不同的环境中部署和运行应用程序。

（6）云计算平台

亚马逊 AWS（Amazon Web Services，即亚马逊网络服务平台）：提供了各种后端服务，如计算、存储、数据库、内容分发网络等。

微软 Azure：提供了丰富的后端服务，如计算、存储、数据库、网络等。

谷歌云平台（Google Cloud Platform，GCP）：提供了广泛的后端服务，如计算、存储、数据库、机器学习等。

阿里云平台：提供了丰富的产品，如云计算、容器、存储、安全、大数据、人工智能与机器学习、企业服务与云通信、物联网等。

（7）API 网关

Kong：可以帮助用户管理和保护 API。

Tyk：提供了丰富的功能来管理和保护用户的 API。

（8）消息队列

RabbitMQ：可以帮助用户在分布式系统中传递消息。

Apache Kafka：用于在大规模分布式系统中传递消息。

# 二、产品开发模式

当前主流的产品开发模式包括瀑布流开发模式和敏捷开发模式。下面分别介绍其具体内容。

## 1. 瀑布流开发模式

瀑布流开发模式适用于规模较大的互联网产品的开发，它严格地把产品项目的开发分隔成若干个开发阶段，即计划、需求分析、设计、编码、测试和运行维护，如图 6-2 所示。

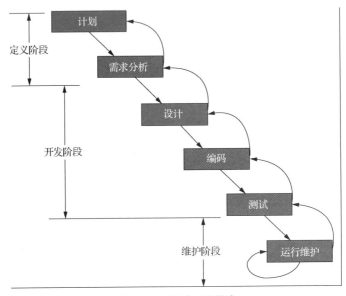

图 6-2　瀑布流开发模式

产品开发过程按照环节依次推进，如果一个环节的工作达不到输出的要求，下一个阶段的工作就不能展开。瀑布流开发模式非常重视和强调文档，开发人员通过文档来取得共识并建立对产品的认知。在一定程度上，文档的重要性超过了代码的重要性。瀑布流开发模式把每个开发阶段都定义为"黑盒"，希望每个阶段的人员只关心自己阶段的工作，以便更专注于本职工作，提高工作效率。

传统的瀑布流开发模式存在开发人员离用户较远、开发过程冗长、开发工作受限于文档、流程死板等缺陷，甚至只有当产品编码完成后，到了测试阶段才能检验产品是否有问题。一旦发现问题或者发现其无法满足市场需求，那么就需要重新编码，甚至需要重新设计产品，这间接导致了产品延期发布的高发性。

微软的瀑布流开发模式就曾受到诟病——随着用户对软件的需求越来越多，微软的软件让大量用户感到不满，这并非因为产品存在使用问题，而是因为其更新周期太过漫长。例如，微软 Office、Windows 等主打产品的更新周期长达 3 年，软件延期发布更是家常便饭。由于瀑布流开发模式已经难以满足新型软件的开发要求，于是微软不得不改变了产品的开发策略。

### 2．敏捷开发模式

"敏捷开发"最早是在 21 世纪初提出的。当时，有 17 位程序员在美国犹他州会面。他们发起并成立了"敏捷联盟"，并且发布了一份《敏捷软件开发宣言》，提出"个体和互动高于流程和工具，可工作的软件高于详尽的文档，客户合作高于合同谈判，响应变化高于遵循计划"，这 4 句话相当于敏捷开发的核心。

进入移动互联网时代之后，用户需求在快速切换，市场在快速升级，基础技术和创新技术都在快速更新，快节奏和高效率成为社会运转的重要特征，而用户显然已经习惯了这种新常态。因此，敏捷开发成为互联网产品开发的方法论。

简单地说，敏捷开发就是以用户的需求进化为核心，采用迭代、循序渐进的方法进行互联网产品的开发。在敏捷开发模式下，产品项目在初期就被切分成多个子项目，各个子项目的成果都经过测试，具备可视、可集成和可运行的特征。换言之，就是把一个大项目分为多个相互联系但也可独立运行的小项目，并分别完成，在此过程中产品一直处于可使用状态，如图 6-3 所示。

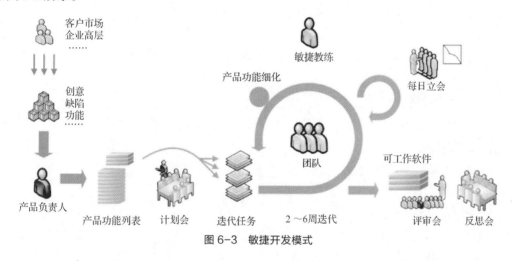

图 6-3　敏捷开发模式

因而，敏捷开发是一种灵活、进度快、模块可控的产品开发方法，在互联网产品的开发方面有着天然的优势。尤其是对创业型的小公司而言，利用敏捷开发模式开发产品能够让互联网产品经理快速把握变化，响应变动，实现小步快跑。

值得注意的是，并不是敏捷开发模式一定优于瀑布流开发模式，到底选择哪一种开发模式，需要根据具体情况进行分析。例如，如果是面向个人用户的软件产品，需要通过运营实现版本的快速迭代，选择敏捷开发模式是比较适合的；如果是给企业客户开发定制化软件，则需要考虑项目成本、时间和质量三者之间的平衡，可能瀑布流开发模式就是比较合适的。

##  任务二　了解产品开发管理

### ❋ 一、产品开发团队组建

开发团队是产品开发管理的核心，组建强大的产品开发核心团队是成功的关键。产品开发核心团队通常由互联网产品经理、开发经理和开发人员组成，具体涉及的岗位和分工如下。

### 1．互联网产品经理

互联网产品经理是管理岗位，负责市场调查，根据用户的需求确定开发何种产品，选择何种技术、商业模式等，以及根据产品的生命周期协调开发人员、运营人员等，推动产品的开发工作，确定和组织实施相应的产品推广策略，进行相关的产品管理工作等。

### 2．开发经理

开发经理是技术开发管理岗位，负责了解项目需求，系统分析产品功能，进行相关的技术选择，制订开发计划与开发规范等。

### 3．产品设计师

产品设计师是产品策划岗位，负责将用户需求转换为具体的产品形态。

### 4．架构师

架构师是软件系统和网络系统设计师岗位，负责确认和评估产品需求，搭建软件系统和网络系统的核心架构，以及扫清主要难点。架构师着眼于"技术实现"，能对常见场景快速给出最恰当的技术解决方案，并能评估实现功能需求要付出的代价。

架构师分为软件架构师和系统架构师，分别专注于软件开发和系统运维两个阶段的系统设计。

### 5．交互设计师

交互设计师是功能设计岗位，负责根据产品需求文档设计交互原型。

### 6．UI 设计师

UI 设计师是界面设计岗位，负责根据产品需求文档和交互设计文档设计出产品的视觉界面。

### 7．Web 前端工程师

Web 前端工程师是界面开发岗位，负责根据架构设计文档和界面设计稿进行 Web 产品界面开发，并调用 Server 端接口实现 Web 应用。

### 8．App 开发工程师

App 开发工程师是 App 界面开发岗位，负责根据产品需求文档和界面设计稿开发出 App 客户端界面，并调用 Server 端接口实现 App 应用。

### 9．测试工程师

测试工程师是产品质量的把关者，负责根据产品需求文档编写测试用例、执行测试任务、提交测试 bug、跟进 bug 修正等。

### 10．运维工程师

运维工程师是产品发布岗位，负责维护并确保整个产品的高可用性，同时不断优化系统架构，提升部署效率，优化资源利用率，提高产品整体的投资回报率。

## ✲ 二、产品开发的流程

### 1．建立工作列表

互联网产品经理将整个产品开发需要做的工作转化为产品工作列表，通常是一份 To-do

List（待办工作清单）或者 Backlog（待办事项列表），其实就是一个具有优先级排序的需求列表，并对每个需求进行粗略的估算。一个合理的产品工作列表需要满足两个条件，一是要确定好需求范围，二是要根据一定的原则做好需求优先级排序。

### 2．确定开发周期

全体团队成员召开会议，主要讨论和预估每个需求开发所需的时间，确定哪些需求需要在第一个开发周期完成，并合理预估开发周期，例如是以周为单位还是以天为单位，这个时间单位就是颗粒度。一般来说，颗粒度不能过大，否则进度就不可控。实际开发过程中会有很多不可控因素，例如可能会在中途插入更高优先级的需求，因此只有颗粒度足够细，项目管理人员才能知道哪个环节延误了，已经延误了多长时间，方便及时调整开发计划。

### 3．制作任务墙

有些互联网公司会制作任务墙，即将第一个开发周期中的各项工作写在纸条上并将纸条贴到任务墙上，让大家各自认领，并将任务未完成、正在做、已完成的工作状态呈现到墙上，这样大家都可以看得到各项任务的状态，方便把握最新的开发进度，同时也起到督促提醒的作用。第一个开发周期的任务完成后，继续发布第二个开发周期的任务，以此类推，直至开发任务全部完成。

### 4．定期组织反馈会议

开发团队需要定期组织会议反馈进度。例如，采用敏捷开发模式的团队，需要每日开会总结昨天做的事情、遇到了什么困难、今天要开展什么任务。为了节省时间，可采用站立开会的方式，例如每天早上大家定时在任务墙前站立讨论，所以它也被称为"每日立会"。每日立会一般时间较短，大概 15 分钟，方便大家了解项目进度，并对项目推进过程中的问题进行及时沟通即可。

### 5．周期评审和总结会议

在开发周期完成后，开发团队要举行周期评审或总结会议，向团队成员演示自己开发完成的产品。例如，第一个开发周期完成后，举行评审会，团队成员轮流发言，就这一周期中遇到的问题和改进方法与大家分享、讨论，同时对下一周期的工作展开设想和评估。这一切都是为了更好地推进产品开发工作，保证产品能够按计划交付落地。

## 三、开发进度评估与考核

### 1．开发进度评估

在产品的实际开发过程中，互联网产品经理需要定期收集项目的相关数据和信息，对开发进度进行评估。例如，互联网产品经理可以使用项目管理软件对产品开发进度进行可视化展示，以此判断项目的进展处于正常、滞后还是超前状态，如图 6-4 所示。

如果发现实际进展情况与预期明显不一致，则可以考虑调整开发计划。不过，在调整计划之前，需要与利益相关方进行沟通，确保调整计划的合理性和可行性；需要更新开发计划和进度安排，与团队成员共享最新的进度信息；需要监控开发计划的调整过程，评估调整效果，并根据需求进行进一步调整。

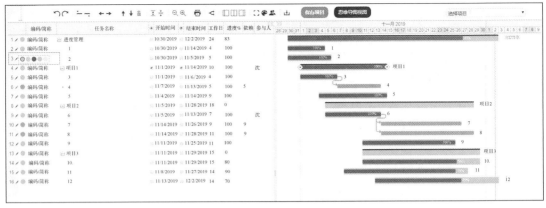

图 6-4　产品开发进度可视化

### 2．开发进度考核

对于开发进度的考核，常用的方法包括定性评估和定量评估。

（1）定性评估

定性评估是指通过专家评估、问卷调查、观察记录等方式进行主观评估。它可以提供对绩效的描述、意见和建议，适用于难以量化的绩效指标，如项目管理团队的沟通效果、协作能力等。

（2）定量评估

定量评估是指通过数值和统计分析，将绩效数据量化为具体的指标，其评估更加客观和精确。定量评估可以使用指标得分、百分比、趋势分析等方法，适用于可以量化的绩效指标，如开发的进度、质量、成本等。

确定开发进度考核方法后，还要确定开发进度考核周期。例如，是每周还是每月汇总一次项目进度考核结果，生成考核报告并送达项目相关人员和利益相关方。考核报告中的考核结果和建议也可以为项目管理的调整和决策提供依据。通过有效的进度考核管理，可以提升开发团队的工作效率，确保项目能够按时完成。

 **任务三　实施产品测试**

## 一、产品测试的内容

微课资源

实施产品测试

产品测试主要包括样式、功能和性能测试，要验证它是否与最初的设想相一致。测试的结果是一个产品是否完成的标准，也是一个产品成功迭代、更新的保障。

### 1．样式测试

样式测试主要是测试产品样式是否兼容浏览器，以及一些特效内容是否符合预期。

### 2．功能测试

功能测试主要是测试产品的功能是否按照产品需求文档和设计文档来实现，以及各种业务是否存在错误，包括单元测试、集成测试和系统测试等。

### 3．性能测试

性能测试主要是测试产品的稳定性和安全性，评估产品在不同条件下的性能指标，如响应时间、吞吐量、资源利用率等，以确保产品能够满足用户需求并具备良好的可扩展性。例如，访问量大的产品要做各种压力测试，保证各种情况下页面访问都能流畅稳定。

## ✳ 二、产品测试的步骤

### 1．选择自动化测试工具

根据产品的特点和测试需求，选择适合的自动化测试工具，如 Appium、Selenium 等。

### 2．编写测试用例

编写测试用例，并确保测试用例具有可维护性、可读性和可重用性，同时覆盖尽可能多的测试场景。

### 3．持续集成与持续测试

将自动化测试工具与持续集成/持续部署流程相结合，实现自动化构建、测试和部署，提高测试效率。

### 4．汇总并分析测试结果

将执行测试用例的结果进行分类，明确哪些测试用例通过了，哪些没有通过，以便直观地了解产品的整体质量状况。然后，对通过的测试用例进行分析，确认产品的核心功能和基本功能已经得到验证，为产品的发布提供有力支持。

### 5．提供改进建议

对于在测试过程中发现的问题，测试工程师要提出详细的建议，包括可能的解决方案和改进措施。这有助于开发团队更好地理解问题的本质，更容易解决问题，同时也有助于建立良好的协作氛围。

## 📊 项目小结

本项目带领读者了解了互联网产品开发和测试的相关内容，在分析产品开发技术和产品开发模式后，介绍了产品开发的流程和进度评估、考核的方法，之后又介绍了产品测试的内容和步骤，帮助读者构建起互联网产品开发和测试的知识架构。

## 📊 过关测试

**单项选择题**

1. 预估产品开发全流程每个节点需要花多少时间，进而制订进度计划，这属于产品开发管理中的（　　）。

    A．范围管理　　　　B．进度管理　　　　C．质量管理　　　　D．风险管理

2. 产品开发中的 To-do List 或者 Backlog 可以理解为（　　　　）。

    A. 一个具有优先级排序的需求列表

    B. 一个产品的备忘录

    C. 一个产品的预算

    D. 一个产品的功能结构

3. 以下哪项不属于常用的编程语言？（　　　　）

    A. Python　　　　　　B. PHP　　　　　　C. Spring　　　　D. Java

4. 关于产品测试，以下说法错误的是（　　　　）。

    A. 产品测试主要包括样式、功能和性能测试

    B. 样式测试主要是测试产品样式是否兼容浏览器，以及一些特效内容是否符合预期

    C. 功能测试主要是测试产品的功能是否按照产品需求文档和设计文档来实现，以及各种业务是否存在错误

    D. 性能测试主要是测试产品界面和交互效果是否与预期一致

5. 一般来说，产品开发流程不包括以下哪个环节？（　　　　）

    A. 建立工作列表　　　　　　　　　　B. 回访老客户

    C. 确定开发周期　　　　　　　　　　D. 定期组织反馈会议

## 拓展阅读

## 《2023 中国企业敏捷实践白皮书》（节选）

2024 年 4 月，智能化研发管理工具 PingCode 联合老布谈敏捷、极客传媒正式发布《2023 中国企业敏捷实践白皮书》，其中介绍了我国敏捷开发的最新趋势，下面来看 4 个重要趋势。

**趋势 1：短周期迭代已成为企业发展趋势**

如图 6-5 所示，调研发现，短周期迭代（1 周）的企业占比在 2023 年有所上升，反映出当下对快速迭代和敏捷性的需求在增长。

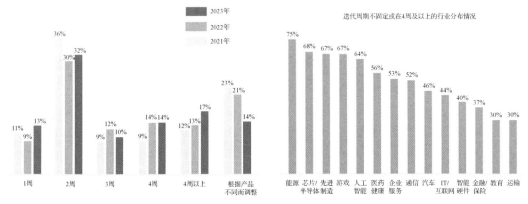

图 6-5　企业迭代周期

"根据产品不同而调整"迭代周期的企业占比从 2021 年的 23% 下降至 2023 年的 14%，可见固定迭代周期的方式得到强化。

然而，仍有超过30%的企业迭代周期不固定或在4周及以上，尤其是能源行业，这表明敏捷实践方法在传统行业的应用仍需进一步推进。

**趋势2：敏捷实践方法的普及带动了敏捷项目管理工具的广泛应用**

如图6-6所示，随着敏捷实践方法的普及，敏捷项目管理工具的应用也越来越广泛。目前，Jira仍然是市场份额最大的敏捷项目管理工具，占比达到41.7%；新兴的国产敏捷项目管理工具飞书（Lark）和PingCode分别位列第二和第三。传统Excel的市场份额逐年下降，从2021年的30%下降至2023年的13.4%。

随着国产敏捷项目管理工具的专业能力提升、国产化替代趋势的发展及本土化服务优势的显现，国产敏捷项目管理工具在敏捷项目管理领域逐渐崭露头角。

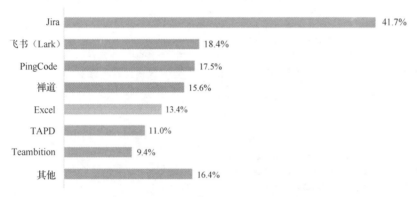

图6-6　不同敏捷项目管理工具的市场份额

**趋势3：企业采用敏捷实践方法的核心驱动力仍是提质增效**

如图6-7所示，在追求提质增效的共识下，"加速软件交付""提升团队的生产力"及"增强需求变更的管理能力"成为企业采用敏捷实践方法的主要原因，这与2022年的情况一致。仅有19%的受访者将"及时地应对市场变化"视为采用敏捷实践方法的原因，这暴露出在战略层面利用敏捷转型来实现市场成功的思考还相对较少。但在快速变化的市场环境中，这一点显得尤为关键。

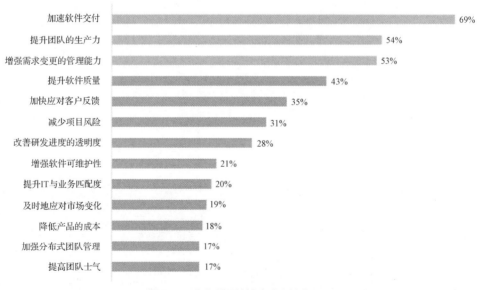

图6-7　企业采用敏捷实践方法的原因

**趋势 4：交付的商业价值是敏捷项目成功最重要的因素**

如图 6-8 所示，63%的受访者认为衡量一个敏捷项目成功与否，首要标准是其"交付的商业价值"。这体现了在当前的经济环境下，企业越来越注重项目对商业目标的直接贡献，而非仅仅是其对技术或流程的改进。

各有 59%的受访者认为"客户/用户的满意程度"及"按时发布"非常关键，这反映出在用户需求日益多样化的背景下，满足用户期待和保持响应速度同样是敏捷项目成功的重要因素。

值得注意的是，"迭代回顾会的效果"也获得了相对高的投票占比，说明受访者高度认可学习与改进的循环对项目成功交付的影响。

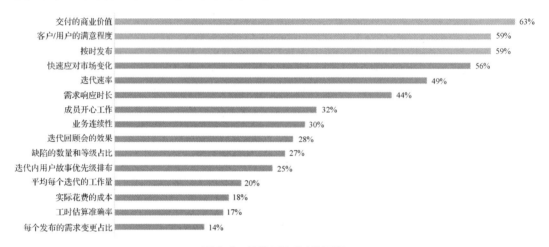

图 6-8　敏捷项目成功的因素

# 项目七 完成产品发布和推广

🛒 项目导读

　　一个互联网产品通过测试后，就可以进入发布和推广阶段了。酒香也怕巷子深，一个互联网产品能否脱颖而出，不仅取决于产品设计与用户体验的好坏，产品发布和推广渠道的选择也很重要。那么，该选择什么渠道来发布产品？发布产品时需要准备哪些资料？如何判断推广效果的好坏？本项目将介绍互联网产品发布和推广的相关知识。

🛒 学习目标

➤ **知识目标**

1. 了解互联网产品发布渠道。
2. 了解互联网产品推广渠道。
3. 理解应用商店产品发布的流程。
4. 了解互联网产品推广数据分析的方法。

➤ **能力目标**

1. 能够对互联网产品推广数据进行分析。
2. 能够根据分析结果进行互联网产品推广策略优化。

➤ **素质目标**

1. 具备较强的逻辑思维和数据分析能力。
2. 增强法律意识，坚持职业操守，在进行互联网产品发布和推广工作时，遵守相关法律法规。

 **任务一 了解互联网产品发布渠道**

微课资源

互联网产品发布

一个互联网产品，只有被用户下载安装并使用，才有可能实现盈利。因此，怎么让产品被用户看见是产品发布和推广阶段首先需要解决的问题，也就是要先确定产品发布渠道。

目前，主流的产品发布渠道主要有官方网站和应用商店两类。

## ❋ 一、官方网站

官方网站是产品发布的重要渠道之一。例如，微信官方网站就提供了微信应用的下载服务。如图 7-1 所示，微信官方网站首页可以分为两部分，上半部分是微信的版本更新日志，下半部分则提供了安卓版本、iOS 版本、Windows 版本、macOS 版本、儿童手表版等的下载链接，支持不同终端的下载和安装。

图 7-1　微信官方网站首页

用户可以根据自己使用的系统选择适合的版本。例如，选择安卓版本后，系统会提示可以下载 64 位安装包或者 32 位安装包，如图 7-2 所示。

图 7-2　安卓版本下载

## ❋ 二、应用商店

应用商店主要包括苹果应用商店、安卓手机应用商店、第三方应用商店和计算机端应用市场等，如图 7-3 所示。

图 7-3　各类应用商店

## 1. 苹果应用商店

苹果应用商店是指 App Store。以 iPhone 应用商店为例，打开之后，用户可以根据需要下载各种应用，如图 7-4 所示。

图 7-4　iPhone 应用商店界面

### 2．安卓手机应用商店

安卓手机品牌商，如小米、华为、OPPO、vivo 等都开发了自己的应用商店，以小米手机应用商店为例，其界面如图 7-5 所示。

图 7-5　小米手机应用商店界面

### 3．第三方应用商店

第三方应用商店有腾讯应用宝、豌豆荚、安智市场等，这些应用商店都提供了大量应用供用户下载使用。为了方便用户检索，其还将应用进行归类，不同应用商店的分类规则略有区别。例如，腾讯应用宝按照微信小程序、视频、阅读、音乐、社交等类别对各种应用进行分类，如图 7-6 所示；豌豆荚则将应用分为影音播放、系统工具、通信社交、手机美化、新闻阅读、摄影图像等类别，如图 7-7 所示。

**图 7-6　腾讯应用宝的分类界面**

**图 7-7　豌豆荚的分类界面**

### 4．计算机端应用市场

计算机端也存在应用市场。以华为应用市场为例，用户可以按照自己的需求搜索各类应

用，下载并安装。此外，华为应用市场还提供应用分类、排行榜等功能，便于用户进行筛选，其界面如图 7-8 所示。

图 7-8　计算机端华为应用市场

# 任务二　掌握应用商店产品发布流程

本任务以 App 产品为例，介绍如何在应用商店发布产品。

## 一、准备阶段

### 1．选择合适的应用商店

在发布产品之前，首先要根据目标用户和业务需求选择合适的应用商店，通常一款产品会选择多个渠道进行发布。

### 2．阅读应用商店的规则

每个应用商店都有一套自己的规则，涵盖隐私政策、内容审核、用户权限等各个方面。产品发布者要严格遵守应用商店的规则，确保 App 符合其要求，以免被拒绝上架或遭到封禁。

以华为应用市场为例，进入华为开发者联盟官网，依次单击"分发—审核政策"选项，即可查看华为应用市场的规范，如图 7-9 和图 7-10 所示。

以应用资质审核要求为例，其中明确指出，"应用（包含游戏）需提供符合适用的法律法规要求的资质文件。为了帮助您尽快顺利地通过审核，请您在提交上线前，参考以下资质要求提前准备好相关证明文件"，如图 7-11 所示。

图 7-9　华为开发者联盟界面

图 7-10　华为应用市场政策中心

# 应用资质审核要求

更新时间: 2024-09-06 17:27

## 前言

应用（包含游戏）需提供符合适用的法律法规要求的资质文件。为了帮助您尽快顺利地通过审核，请您在提交上线前，参考以下资质要求提前准备好相关证明文件。

应用/游戏资质上传入口：AppGallery Connect 网站 ＞ 我的应用 ＞ 点击对应应用名称 ＞ 版本信息 ＞ 版权信息 。

游戏版号上传入口：AppGallery Connect 网站 ＞ 我的应用 ＞ 点击对应应用名称 ＞ 版本信息 ＞ 版号 。

图 7-11　应用资质审核要求

不同类型的应用需要准备的资质文件也有所不同，因此产品发布者需要仔细阅读应用市场的规则，避免因为资质文件准备不齐全而导致审核不通过的情况。表 7-1 所示为华为应用市场对部分应用的资质要求。

表 7-1　部分应用的资质要求

| 应用内容包含的类型 | 资质要求 |
| --- | --- |
| 音频影视 | （1）《网络文化经营许可证》<br>（2）《信息网络传播视听节目许可证》（微短剧可提供"全国网络视听平台信息管理系统"备案）<br>（3）ICP 备案或《增值电信业务经营许可证》<br>（4）《计算机软件著作权登记证书》《App 电子版权证书》或《软件著作权认证证书》（三者选一） |
| 短视频 | （1）《安全评估报告》加盖公章<br>（2）《安全评估报告》在全国互联网安全服务管理平台的提交结果截图且现场检查结果为"通过"或审核状态为"审核通过"<br>（3）ICP 备案或《增值电信业务经营许可证》<br>（4）《计算机软件著作权登记证书》《App 电子版权证书》《软件著作权认证证书》（三者选一） |
| 直播 | （1）《网络文化经营许可证》且带有"直播"或"表演"等字样<br>（2）《安全评估报告》加盖公章<br>（3）《安全评估报告》在全国互联网安全服务管理平台的提交结果截图且现场检查结果为"通过"或审核状态为"审核通过"<br>（4）ICP 备案或《增值电信业务经营许可证》<br>（5）《计算机软件著作权登记证书》《App 电子版权证书》或《软件著作权认证证书》（三者选一） |
| 阅读 | （1）《网络出版服务许可证》或《网络文化经营许可证》<br>（2）版权证明文件或相关版权方授权书<br>（3）阅读类承诺函.zip<br>（4）ICP 备案或《增值电信业务经营许可证》<br>（5）《计算机软件著作权登记证书》《App 电子版权证书》或《软件著作权认证证书》（三者选一） |
| 新闻资讯<br>弹窗推送新闻信息 | （1）《互联网新闻信息服务许可证》及附页<br>（2）ICP 备案或《增值电信业务经营许可证》<br>（3）《计算机软件著作权登记证书》《App 电子版权证书》或《软件著作权认证证书》（三者选一） |

除了要求准备资质文件，华为应用市场的应用资质审核还对授权书等文本的形式提出了要求，如图 7-12 所示。

**3．准备产品发布所需材料**

这一步需要准备的材料主要包括以下两类。

（1）资质文件，即目标应用商店的规则所要求准备的资质证书、授权书等。

（2）图片和文字素材，包括应用介绍、应用图标、应用截图和视频、应用描述、隐私政策等，要确保这些素材具有吸引力和准确性，能够有效传达 App 的特点和功能。

注意:

1. 游戏名称需与证书上的游戏名称一致,开发者应与著作权人一致,登记号在中国版权保护中心可查询。

2. 游戏名称需与核发单或批复文件中的游戏名称一致,并能在国家广播电视总局官网或游戏工委官网查询到,游戏内容类别为移动游戏,内测、首发及免费游戏均需上传正式移动游戏版号文件。

3. 游戏工委官方查询的著作权人需与计算机软件著作权证书上的著作权人信息保持一致。

4. 授权书说明:授权书应有授权方、被授权方、授权应用名称、授权细则、授权期限、授权方公章及日期(授权方为个人时,需补充授权方身份证正反面扫描件);非软件著作权人/版号运营单位直接授权情况下,第一重授权书必须注明可再次授权,需同时上传中间授权书;如授权给快游戏,授权书上同时需注明是对快游戏的授权。

5. 游戏版权、版号授权书模板.zip。

6. 管控能力声明模板.zip。

图 7-12 平台所需的承诺函和授权书等要求

通常来说,图片素材是否具有吸引力对 App 的下载量有较大的影响。图 7-13 所示为剪映在应用商店上传的图片素材。

图 7-13 剪映在应用商店上传的图片素材

文字素材主要是应用介绍、更新说明,简洁易懂、有吸引力的文字素材也有助于提升 App 的下载量。图 7-14 所示为剪映在应用商店上传的文字素材。

更新

功能升级，帮你轻松剪出美好生活
1.性能和体验优化

应用介绍

【剪映】全能好用的视频编辑工具，轻松剪出美好生活。
【简单好用】一键剪切视频，节奏快慢自由掌控，感受时光倒流。
【贴纸文本】独家设计手绘贴纸，多种风格字体随心选，给你的视频加点乐趣。
【丰富好听】海量曲库外加抖音独家歌曲，奇趣变"声"，让你的视频更"声"动。
【高级好看】专业风格滤镜，一键专属美颜，让生活一秒变大片。

展开

应用信息

| 资费 | 免费 | 应用分级 | 年满 16 周岁 |
|------|------|----------|-------------|
| 大小 | 172.83MB | 开发者 | 深圳市脸萌科技有限公司 |

图 7-14　剪映在应用商店上传的文字素材

## ❋ 二、产品发布

准备工作完成后，就可以进行产品的发布了。下面还是以华为应用市场为例，介绍产品发布的具体步骤。

### 1．创建开发者账号

进入华为开发者联盟官网，注册账号并进行企业或个人认证，方便后期对 App 进行管理、查看数据等。

### 2．提交 App 并等待审核

步骤 01　依次单击"管理中心—应用发布"选项，然后单击"新建"按钮创建应用，如图 7-15 和图 7-16 所示。

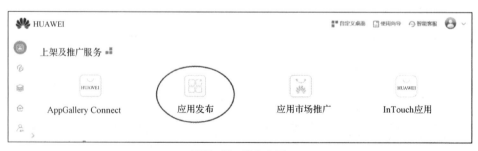

图 7-15　发布应用

图 7-16　新建应用

**步骤 02** 填写应用相关信息，主要包括应用名称、应用分类等，如图 7-17 所示。

图 7-17 填写应用相关信息

**步骤 03** 填写完成后，单击"确认"按钮，然后填写应用的详细信息，包括应用名称、应用介绍、应用一句话简介，并上传应用图标、应用截图和视频，最后需要选择应用分类，如图 7-18 至图 7-21 所示。

图 7-18 填写应用名称和应用介绍

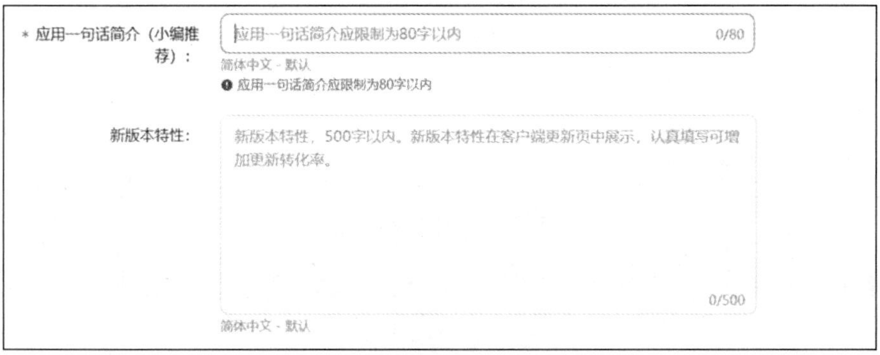

图 7-19 填写应用一句话简介

图 7-20　上传应用图标、应用截图和视频

图 7-21　选择应用分类

**步骤 04**　单击"保存"按钮，进入下一个页面，选择要发布的国家和地区，勾选"是否开放测试版本"选项。然后单击"软件包管理"按钮，上传 APK 包，上传完成后单击"保存"按钮，如图 7-22 所示。

图 7-22　上传 APK 包

**步骤 05**　填写隐私政策网址，并勾选"是否展示隐私标签文案"选项，如图 7-23 所示。

图 7-23　隐私声明

**步骤 06**　按照网站的指引，上传应用版权证书或代理证书，如图 7-24 所示。

图 7-24　上传应用版权证书或代理证书

**步骤 07**　应用的上架时间可以选择"审核通过立即上架"，也可以选择"指定时间"并自行设置，如图 7-25 所示。

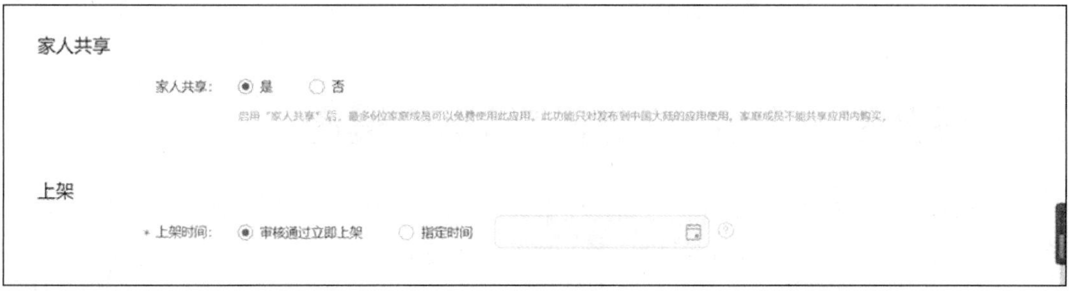

图 7-25　设置上架时间

### 3．处理审核反馈和改进

产品能否上架需要以平台的审核结果为准。如果顺利通过了审核，产品就可以如期发布；如果审核被驳回，则需要修改后再次提交审核。在这个过程中，如果有不清楚的地方，可以及时联系官方平台咨询详细的修改方法。产品团队要根据平台的反馈意见进行必要的改进和调整，使产品满足应用商店的要求，修改完成后再次提交发布。

对 App 产品来说，上架到应用商店是一个里程碑式的步骤，它决定了用户能否找到并下载 App。只有 App 成功地被引入市场，其才有可能实现商业价值，并产生用户影响力。

## ✿ 三、产品优化更新再发布

产品发布后，产品项目团队人员仍然需要密切关注应用商店的管理规则，如果出现产品信息变更、产品更新或者应用商店新规实施等情况，需要及时更新发布信息并提交审核。例如，2023 年 7 月 21 日，《工业和信息化部关于开展移动互联网应用程序备案工作的通知》（工信部信管〔2023〕105 号）发布，之后各大应用商店都发布了通知，要求已经上线的所有 App 都必须完成备案手续，否则将面临下架风险，如图 7-26 所示。此时，产品项目团队成员就要积极响应，及时完成备案手续。

**存量App备案通知**

2024-03-18

尊敬的华为云客户：

根据2023年8月工业和信息化部正式发布的《工业和信息化部关于开展移动互联网应用程序备案工作的通知》要求，在中华人民共和国境内从事互联网信息服务的App主办者，应当依法履行备案手续，未履行备案手续的，不得从事App互联网信息服务。

如您有App尚未完成备案，请在**2024年3月31日**前登录华为云代备案管理系统完成备案手续。

**2024年4月1日**起，各网络接入服务提供者、分发平台、智能终端生产企业将对接入、分发、预置的App开展检查，届时未备案App将面临下架、阻断的风险。

如您有任何问题，可随时通过工单或者服务热线　　　　　　或　　　　转1与我们联系。

感谢您对华为云的支持！

参考文档：

工业和信息化部关于开展移动互联网应用程序备案工作的通知

图 7-26　应用商店关于已上线 App 备案的通知

 **任务三　了解互联网产品推广渠道**

互联网产品发布成功后，如何让用户了解到这款产品以提高其下载量或装机量呢？这就涉及互联网产品推广了。常见的互联网产品推广渠道包括线下推广、信息流广告、搜索竞价广告等。下面还是以 App 产品为例，对各种推广渠道一一进行介绍。

微课资源

互联网产品推广

## ✿ 一、线下推广渠道

### 1．手机品牌商预装

大多数情况下，当用户拿到一部新手机时，手机中已经预装了一些 App。因此，与手机品牌商合作进行产品预装是一种重要的推广渠道。这种推广方式的优点是用户转化率高，缺点是周期比较长，从与手机品牌商达成合作到手机新品上市，再到用户购买，一般需要 3～5 个月的时间。

### 2．线下媒体推广

线下媒体推广是指在户外大屏广告、灯箱广告、电梯海报、LED 屏幕广告等上面展示下载 App 的二维码，引导用户下载体验，或者在广告或海报中以"新用户专享福利""下载即可赠送优惠券"等方式吸引用户下载 App。

### 3．线下店面推广

线下店面推广包括与线下店铺合作，以下载 App 送小礼物或小吃等吸引用户下载；或者是在参加展会时，通过下载 App 送小礼品的方式进行推广。线下店面推广被人们称为最笨的推广办法，但是往往也很有效。例如，某款旅行 App 曾经在机场附近进行线下店面推广，目标用户非常精准，推广取得了不错的效果。

## ❋ 二、信息流广告

信息流广告是指穿插在信息流内容中，标注有"推广"和"广告"标识的信息。例如，用户在浏览微信朋友圈时看到的广告（见图 7-27），今日头条中标记有"广告"字样的信息（见图 7-28），抖音等短视频平台上标注有"广告"字样的视频（见图 7-29），以及微博、贴吧等社交平台和墨迹天气、万年历等工具上标注有"广告"的信息，都是信息流广告。

图 7-27　微信朋友圈信息流广告

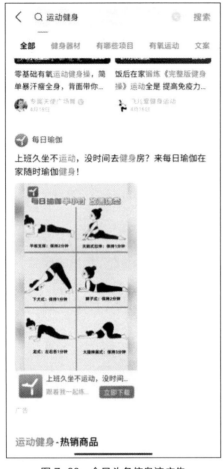

图 7-28　今日头条信息流广告

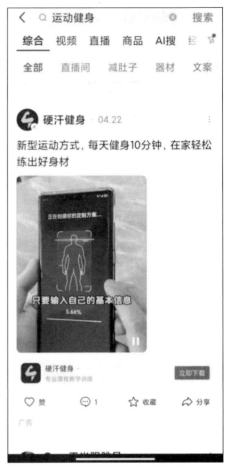

图 7-29　抖音信息流广告

信息流广告的关键是"大数据+人工智能算法"，传统广告是以买固定广告位为主，信息流广告则从"买广告位"演变到"买用户"。信息流广告以推荐引擎为核心，被嵌入用户日常浏览的资讯、社交动态或视频流中，其广告素材和广告文案与普通内容完全一致，并且会根据用户的刷新行为不断变化。通俗地讲，就是各个系统会基于用户的浏览行为、个性化标签（如年龄、性别、地域、受教育程度、兴趣爱好等），利用大数据技术，实现用户与广告的智能匹配。

## ❋ 三、搜索竞价广告

搜索引擎是应用最广泛的网络服务之一，我国每天有上千万网民通过搜索引擎查找各种信息。以百度搜索竞价排名为例，用户可以通过购买关键词，将自己的网页或页面放在搜索结果的前列，进而将那些正在查找同类产品的潜在用户带到自己的网站或页面，从而完成产品的推广。搜索竞价广告的基本思路是让用户发现产品信息并进入网站或页面，进一步了解其所需要的信息，最终使用或下载该产品。

例如，用百度搜索引擎搜索"租车"，在搜索结果页会看到标有"广告"字样的神州租车的推广信息（见图 7-30），单击该信息即可打开领取优惠券的页面（见图 7-31），被优惠活动吸引的用户就会下载并使用神州租车 App。

图 7-30　搜索竞价广告

图 7-31　广告内容页

## 任务四　了解选择互联网产品推广渠道的注意事项

在进行互联网产品推广渠道选择时，应该注意以下几点。

### ❋ 一、推广渠道多不等于推广质量好

推广是为了给产品带来有效流量，而有效流量的多少与推广渠道的多少并没有直接关系。也就是说，并不是推广渠道越多推广效果越好，如果推广渠道过多，增加运维成本，分散精力，甚至会适得其反。

### ❋ 二、推广渠道的选择不能盲目跟风

微博流量高的时候，大家都去开通官方微博账号；微信火热的时候，大家又一窝蜂地开始做公众号。不可否认，热门渠道确实汇聚了大量的流量，也汇集了大量用户，但盲目跟风并不可取，产品推广人员需要结合产品目标、目标用户所在、战略规划等因素进行推广渠道选择。

## ❋ 三、不同阶段应该有不同的推广重点

在产品探索期，应该进行多种营销渠道测试，快速找到 1～2 种见效的推广渠道，然后再细致优化。在产品成长期，应该把少数核心推广渠道做专做精，为的是持续稳定地带来有效流量。在产品成熟期，则应该以营销效果最大化为目标，对旧的推广渠道做持续优化，根据效果来决定是否增加或减少投放，同时对新的推广渠道做测试，效果好就继续做专精测试，效果不好则及早放弃。

# 任务五　分析互联网产品推广数据

按照人们使用互联网产品的习惯，通常一款 App 的下载量、注册用户数、活跃用户数呈递减趋势，即下载了某款 App 的人中只有一部分人会注册，注册的人中只有一部分人会使用。一款 App 的活跃用户数、变现能力是衡量产品竞争力的重要指标，除此之外，获客渠道、用户基本属性也是产品分析的重要指标。

案例背景：某互联网公司开发了一款英语学习 App，发布到应用商店后，通过微信公众号、抖音平台进行了广告投放。下面将以此为背景，讲解互联网产品推广数据分析的相关知识。

## ❋ 一、分析用户活跃情况

经过一段时间的运营，技术人员从不同的平台收集到了一些数据。例如，通过应用商店查询到该 App 的当月下载量，通过公司的后台业务数据统计到 App 总注册用户数、当月收入、用户基本信息（性别、年龄、职业等），通过收集到的开机登录数据得到当月首次活跃用户数（当月首次注册用户数）、当月总活跃用户数等，如表 7-2 和表 7-3 所示。

表 7-2　收集到的数据及数据来源

| 收集到的数据 | 数据来源 |
| --- | --- |
| 当月下载量 | 应用商店 |
| 当月首次活跃用户数 | 开机登录数据 |
| 总注册用户数 | 后台业务数据 |
| 当月总活跃用户数 | 开机登录数据 |
| 当月收入 | 后台业务数据 |
| 用户基本信息（性别、年龄、职业等） | 后台业务数据 |

表 7-3　2023 年 7 月的用户活跃情况分析表

| 月份 | 当月下载量 | 当月首次活跃用户数 | 总注册用户数 | 当月总活跃用户数 | 当月收入/元 |
| --- | --- | --- | --- | --- | --- |
| 2023 年 7 月 | 10000 | 5000 | 51800 | 10180 | 101800 |

通过表 7-3 可知，2023 年 7 月的活跃用户里，新用户有 5000 人，老用户为 10180-5000=5180 人，新老用户比约为 1：1，新老用户数基本持平。当月活跃老用户数占总注册用户数的比重

为 5180/51800=10%，说明在该 App 所有的用户里，只有 10%的用户是活跃的。

由此可以得出结论 1：该 App 的老用户活跃度低，当月活跃用户主要来源于新用户。

## 二、分析新用户下载转化率

根据表 7-3 的信息，可以计算出新用户的下载转化率。

新用户转化率=当月首次活跃用户数/当月下载量=5000/10000=50%。

前瞻产业研究院发布的《中国在线教育行业市场前瞻与投资战略规划分析报告》中提到在线教育行业的平均转化率为 20%，由此可以得出结论 2：该 App 当月新用户的下载转化率较高。

## 三、分析变现能力

当月活跃用户人均收入=当月收入/当月总活跃用户数=101800/10180=10 元。

这里我们假设本公司推出的知识付费类产品的当月活跃用户人均收入为 30 元（由于在线教育类、知识付费类产品种类庞杂，行业均值不易获取，且对刚推出的新产品参考意义不大，故此次仅对标本公司的同类产品数据），由此可以得到结论 3：与公司同类产品的均值相比，该 App 当月活跃用户人均收入有提升空间，即该 App 的变现能力有提升空间。

## 四、分析历史趋势

表 7-4 所示为 2022 年 7 月到 2023 年 7 月各个月份的用户活跃情况。根据这些数据可以进行历史趋势分析。

表 7-4　用户历史活跃情况

| 时间 | 当月下载量 | 当月首次活跃用户数 | 总注册用户数 | 当月总活跃用户数 | 当月收入/元 |
|---|---|---|---|---|---|
| 2022 年 7 月 | 5000 | 3500 | 3500 | 3500 | 0 |
| 2022 年 8 月 | 5100 | 3570 | 7070 | 4984 | 0 |
| 2022 年 9 月 | 5200 | 3640 | 10710 | 5782 | 40474 |
| 2022 年 10 月 | 5300 | 3710 | 14420 | 6594 | 46158 |
| 2022 年 11 月 | 5400 | 3780 | 18200 | 7420 | 51940 |
| 2022 年 12 月 | 5500 | 3850 | 22050 | 6055 | 42385 |
| 2023 年 1 月 | 7000 | 3500 | 25550 | 6055 | 48440 |
| 2023 年 2 月 | 7500 | 3750 | 29300 | 6680 | 53440 |
| 2023 年 3 月 | 8000 | 4000 | 33300 | 7330 | 58640 |
| 2023 年 4 月 | 8500 | 4250 | 37550 | 8005 | 80050 |
| 2023 年 5 月 | 9000 | 4500 | 42050 | 8705 | 87050 |
| 2023 年 6 月 | 9500 | 4750 | 46800 | 9430 | 94300 |
| 2023 年 7 月 | 10000 | 5000 | 51800 | 10180 | 101800 |

根据表格中当月下载量的变化情况可以看出，该 App 的当月下载量持续增长，2022 年

基本保持在以 2%左右的速度缓慢增长，2023 年 1 月当月下载量有了大幅提升，随后增长率保持在 6%左右，如表 7-5 所示。该 App 当月下载量的增加应该与 2023 年新投放的广告有关。

表 7-5　当月下载量增长趋势

| 时间 | 当月下载量 | 增长率 |
|---|---|---|
| 2022 年 7 月 | 5000 | / |
| 2022 年 8 月 | 5100 | 2.0% |
| 2022 年 9 月 | 5200 | 2.0% |
| 2022 年 10 月 | 5300 | 1.9% |
| 2022 年 11 月 | 5400 | 1.9% |
| 2022 年 12 月 | 5500 | 1.9% |
| 2023 年 1 月 | 7000 | 27.3% |
| 2023 年 2 月 | 7500 | 7.1% |
| 2023 年 3 月 | 8000 | 6.7% |
| 2023 年 4 月 | 8500 | 6.3% |
| 2023 年 5 月 | 9000 | 5.9% |
| 2023 年 6 月 | 9500 | 5.6% |
| 2023 年 7 月 | 10000 | 5.3% |

## ❋ 五、分析活跃用户人均月收入

活跃用户人均月收入=当月收入/当月总活跃用户数，根据该公式和表 7-4 所示的信息，可以计算出 2022 年 7 月至 2023 年 7 月活跃用户人均月收入，结果如表 7-6 所示。

表 7-6　活跃用户人均月收入

| 时间 | 当月总活跃用户数 | 当月收入/元 | 活跃用户人均月收入/元 |
|---|---|---|---|
| 2022 年 7 月 | 3500 | 0 | 0 |
| 2022 年 8 月 | 4984 | 0 | 0 |
| 2022 年 9 月 | 5782 | 40474 | 7 |
| 2022 年 10 月 | 6594 | 46158 | 7 |
| 2022 年 11 月 | 7420 | 51940 | 7 |
| 2022 年 12 月 | 6055 | 42385 | 7 |
| 2023 年 1 月 | 6055 | 48440 | 8 |
| 2023 年 2 月 | 6680 | 53440 | 8 |
| 2023 年 3 月 | 7330 | 58640 | 8 |
| 2023 年 4 月 | 8005 | 80050 | 10 |
| 2023 年 5 月 | 8705 | 87050 | 10 |
| 2023 年 6 月 | 9430 | 94300 | 10 |
| 2023 年 7 月 | 10180 | 101800 | 10 |

不难发现，从 2022 年 7 月到 2023 年 7 月，活跃用户人均月收入从 0 元上涨到 10 元，且一直呈上涨趋势。上涨的原因是什么？

经过与团队讨论，大家找到了原因。这款 App 于 2022 年 7 月开始内测，为了吸引用户，刚上线时所有内容都不收费，同年 9 月开始按课程收费。另外，从 2023 年 1 月开始，该 App 上线"跟着电影学英语"内容后，用户付费比例提高，活跃用户人均月收入很快就从 7 元提升到了 10 元。

## ✳ 六、分析用户下载到活跃转化率

从表 7-4 可知，2022 年 7 月到 2023 年 7 月，英语学习 App 的当月下载量、当月首次活跃用户数总体呈稳步上涨趋势。为了更深入地分析产品推广效果，根据公式：下载到活跃转化率=当月首次活跃用户数/当月下载量，计算下载到活跃转化率，结果如表 7-7 所示。

表 7-7 下载到活跃转化率

| 时间 | 当月下载量 | 当月首次活跃用户数 | 下载到活跃转化率 |
|---|---|---|---|
| 2022 年 7 月 | 5000 | 3500 | |
| 2022 年 8 月 | 5100 | 3570 | |
| 2022 年 9 月 | 5200 | 3640 | |
| 2022 年 10 月 | 5300 | 3710 | 70% |
| 2022 年 11 月 | 5400 | 3780 | |
| 2022 年 12 月 | 5500 | 3850 | |
| 2023 年 1 月 | 7000 | 3500 | |
| 2023 年 2 月 | 7500 | 3750 | |
| 2023 年 3 月 | 8000 | 4000 | |
| 2023 年 4 月 | 8500 | 4250 | 50% |
| 2023 年 5 月 | 9000 | 4500 | |
| 2023 年 6 月 | 9500 | 4750 | |
| 2023 年 7 月 | 10000 | 5000 | |

通过数据可以看出，从 2022 年 7 月到 2022 年 12 月，下载到活跃转化率是 70%；从 2023 年 1 月到 2023 年 7 月，下载到活跃转化率降为 50%。是什么原因造成的？我们需要从不同的获客渠道着手，做进一步分析。

## ✳ 七、分析获客渠道

为了方便计算，我们对问题进行简化：假设该 App 仅采用微信公众号和抖音这两个渠道进行推广，分渠道对相关数据进行分析，具体情况如表 7-8 所示。

表 7-8　不同渠道用户下载到活跃转化率

| 时间 | 渠道 1：公众号 | | | 渠道 2：抖音 | | |
|---|---|---|---|---|---|---|
| | 当月下载量 | 当月首次活跃用户数 | 下载到活跃转化率 | 当月下载量 | 当月首次活跃用户数 | 下载到活跃转化率 |
| 2022 年 7 月 | 5000 | 3500 | 70% | 0 | 0 | — |
| 2022 年 8 月 | 5100 | 3570 | 70% | 0 | 0 | — |
| 2022 年 9 月 | 5200 | 3640 | 70% | 0 | 0 | — |
| 2022 年 10 月 | 5300 | 3710 | 70% | 0 | 0 | — |
| 2022 年 11 月 | 5400 | 3780 | 70% | 0 | 0 | — |
| 2022 年 12 月 | 5500 | 3850 | 70% | 0 | 0 | — |
| 2023 年 1 月 | 7000 | 3360 | 60% | 1400 | 140 | 10% |
| 2023 年 2 月 | 7500 | 3705 | 65% | 1800 | 45 | 3% |
| 2023 年 3 月 | 8000 | 3770 | 65% | 2200 | 230 | 10% |
| 2023 年 4 月 | 8500 | 3953 | 67% | 2600 | 297 | 11% |
| 2023 年 5 月 | 9000 | 4080 | 68% | 3000 | 420 | 14% |
| 2023 年 6 月 | 9500 | 4087 | 67% | 3400 | 663 | 20% |
| 2023 年 7 月 | 10000 | 4278 | 69% | 3800 | 722 | 19% |

通过表 7-8 的内容可以发现，微信公众号的用户下载到活跃转化率一直在 60%～70%，比较稳定。2023 年开始投放抖音广告，但抖音的用户下载到活跃转化率只有 3%～20%，因此导致了表 7-7 中显示的总体下载到活跃转化率从 70% 下降到 50%。

继续分析抖音广告的推广效果。假设该 App 在抖音平台投放了 2 条广告，其营销结果如表 7-9 所示。

表 7-9　抖音广告推广效果

| 广告 | 广告点击量 | App 下载量 | 注册用户数 | 首次活跃用户数 |
|---|---|---|---|---|
| 第 1 条广告 | 20000 | 400 | 100 | 80 |
| 第 2 条广告 | 100000 | 1000 | 120 | 60 |

从表 7-9 可以发现，第 2 条广告的点击率高，但是转化率较差，吸引了大量无效客户，应该修改广告或者停用。

## ❈ 八、分析用户基本属性

根据该英语学习 App 收集的用户信息，我们可以从年龄、性别、地域、手机型号、学习目的、职业等维度对用户进行分析，以了解具体的用户画像。根据分析，该 App 的用户主要是 22～28 岁的年轻人（见图 7-32），学习目的主要是个人成长和出国，职业以白领和大学生为主。

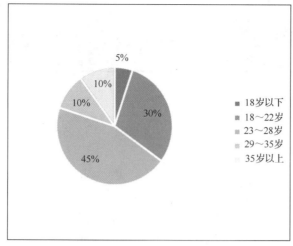

**图 7-32　用户年龄分布情况**

用户画像对产品的运营至关重要。例如，明确了用户主要是 22~28 岁的白领和大学生，接下来我们就需要分析这类人喜欢做什么，从而根据他们的喜好去相应的渠道投放广告；还要分析他们喜欢什么类型的内容，以便在广告的创意设计、图片和文本编辑方面投其所好。

##  任务六　优化互联网产品推广策略

通过上述分析，我们知道，这款英语学习 App 存在新用户下载到活跃转化率不高、老用户活跃度低、变现能力低于行业平均水平这几个问题；对该 App 来说，微信公众号广告的下载转化率高于抖音广告；该 App 用户以 22~28 岁年轻白领和大学生为主，群体活跃度高；该 App 内"跟着电影学英语"内容的用户付费比例高。在此分析的基础上，我们可以优化 App 的推广策略，具体可以从以下几个方面去考虑。

（1）掌握好推广渠道。既然从微信公众号转化的新用户质量较高，那么可以继续加大微信公众号推广的力度。

（2）继续开发更多"跟着电影学英语"的内容，提高用户付费比例和内容变现能力。

（3）进一步分析大学生和白领感兴趣的内容和功能，迭代产品，吸引更多的用户。

（4）针对老用户活跃度较低的问题，可以进一步分析用户活跃曲线，找到用户流失最大的原因是什么，然后有针对性地推出激活老用户的方法。

##  项目小结

本项目讲解了互联网产品发布的渠道和流程，梳理了主要的互联网产品推广渠道及选择推广渠道的注意事项、推广数据分析的方法，可以帮助读者更好地理解如何基于数据分析对推广策略进行优化。

**过关测试**

**单项选择题**

1. 一般来说，应用商店主要包括苹果应用商店、安卓手机应用商店、（    ）应用商店和计算机端应用市场。

    A. 塞班            B. 第三方         C. iOS          D. 线上

2. 下列属于线下媒体推广渠道的是（    ）。

    A. 手机品牌商预装     B. 灯箱广告      C. 短视频推广    D. 广告单页宣传

3. 下列关于产品推广渠道的说法，正确的是（    ）。

    A. 产品推广渠道越多，推广效果越好

    B. 推广渠道从产品诞生到产品退出市场一直不变

    C. 紧跟热度较高的渠道就能取得好的推广效果

    D. 推广渠道选择不能盲目跟风

4. 在应用商店上架发布 App 产品时，下列哪一项不需要准备？（    ）

    A. 应用图标       B. 应用截图      C. 应用描述     D. 研发人员名单

5. 线下推广渠道不包括下列哪一项？（    ）

    A. 手机品牌商预装                 B. 线下媒体推广

    C. 信息流广告                      D. 线下店面推广

**拓展阅读**

## 应用市场商业推广平台计费模式

在移动互联网蓬勃发展的背景下，越来越多的企业开始参与到 App 的开发当中。而随着 App 的数量不断增多，如何让自己的 App 产品在应用市场中被用户发现成为运营人员面临的重要挑战。不少企业都选择投入资金进行更多推广来寻求突破，各应用市场也纷纷提供了商业推广服务。下面以华为应用市场商业推广平台为例，介绍应用市场商业推广平台的作用和计费方式。

**1. 应用市场商业推广平台的作用**

作为国内最受用户欢迎的 App 分发平台之一，华为应用市场通过高效的分发能力，致力于帮助开发者解决用户增长的难题。华为应用市场商业推广平台提供了海量优质的投放资源，并且用户质量高，能快速提升 App 的曝光量，使其被更多的用户发现和下载。华为应用市场商业推广平台利用华为自研的伏羲推荐算法，根据不同用户特征为 App 匹配精准的目标用户群，大幅提高 App 的下载转化率。同时，华为应用市场商业推广平台具备多种产品功能组合，可以满足不同合作伙伴的推广需求，助力合作伙伴提升推广效果。

### 2. 应用市场商业推广平台的计费方式

华为应用市场商业推广平台有两种计费模式，分别是 CPD（Cost Per Download，按下载付费）和 CPT（Cost Per Time，按时长付费）。

CPD 是按下载付费，即按照实际下载量计费。下载量只计算新下载量，不计算更新下载量，不会产生其他费用，投放任务设定的 CPD 出价高低直接影响 App 的曝光竞争力。

CPT 是按时长付费，以自然日为单位来计费，消耗费用为竞得资源位金额，推广时间为 00:00:00—23:59:59，竞价成功的 App 将一整日在该资源位展出。

两者支持的资源位不同。CPD 支持普通推荐、应用搜索、开机必备、视频流等资源位。CPT 支持品牌推荐区资源位，使用该计费方式的企业可以在华为应用市场商业推广平台上创建品牌推荐位的推广任务，对选定的时间、资源位进行在线竞价。竞价过程中，企业可实时监测竞价情况；竞价结束后，若该企业的出价金额高于其他竞价方，则成功竞得该资源位。

# 项目八　实施产品迭代

## 🛒 项目导读

　　随着新的技术、新的盈利方式、新的产品需求的出现，互联网产品要不断进行迭代，只有这样才能始终保持鲜活的生命力和市场竞争力。那么，什么是产品迭代？产品迭代有什么意义？产品迭代的流程有哪些？产品迭代需要注意什么？本项目将对产品迭代的相关知识做具体讲解。

## 🛒 学习目标

➤ **知识目标**

1. 了解产品迭代的缘由。
2. 理解产品迭代的意义。
3. 了解产品迭代的流程。
4. 了解产品迭代的注意事项。

➤ **技能目标**

1. 能够掌握产品迭代的流程。
2. 能够掌握产品迭代的注意事项。

➤ **素质目标**

1. 提升持续创新、持续优化的意识。
2. 培养敢于挑战自我、突破自我的工匠精神和职业素养。

## 任务一 理解产品迭代的缘由

产品迭代是指通过多次小规模的改进和更新来持续改善产品，使产品适应市场需求、技术发展和用户需求等的变化。对一个产品来说，既需要根据用户反馈进行产品迭代，也需要根据产品所处的生命周期进行产品迭代。

微课资源

理解产品迭代

### ❋ 一、基于用户反馈进行产品迭代

根据精益原则，互联网产品开发应该是"设计—开发—上线—反馈—修改—重设计"这样小步迭代的过程。也就是说，先以最小的成本开发一个互联网产品抢占市场先机，然后根据用户反馈进行修改迭代。在迭代的过程中，产品团队会不断收集来自各方的反馈，并根据这些反馈信息对产品进行调整。真正使用产品的人才最有话语权，所以产品团队要及时做好沟通和调研，接受用户的反馈。

大多数互联网产品都预留了用户反馈功能，即通过提供调查表、弹出框等形式鼓励用户直接说出自己的想法和对产品的建议。以小红书为例，其提供了"意见反馈"渠道，用户在此处可以提交对小红书的故障反馈、功能建议等，如图 8-1 所示。

| 意见反馈 | | 意见反馈 | | 功能建议 | |
|---|---|---|---|---|---|
| 请选择问题发生的场景 | | 我要提建议 | > | 问题和意见 * | 0/100 |
| 闪退/卡顿 | 页面闪退、卡顿 > | 请选择你遇到的问题 | | 请填写你的功能建议，感谢你的支持。（必填） | |
| 画质/音质 | 图片、视频画质和音质问题 > | 无法点赞 | > | | |
| 拍摄发布 | 图片、视频发布问题 > | 无法收藏 | > | | |
| 商城/支付 | 商品加载、支付失败 > | 无法分享 | > | 图片（选填，提供问题截图） | |
| 发现/附近/搜索 | 无法刷新、不显示 > | 其他问题 | > | ＋ | |
| 关注/私信/评论 | 关注、发送接收私信 > | 你可能还需要 | | | |
| 个人中心 | 账号注销、资料不显示 > | 如何取消小红卡自动续费 | > | 联系方式 | |
| 直播 | 评论、充值、礼物、商品等 > | 退换货政策 | > | 留下联系方式，更可能解决问题 | |
| 其他 | 点赞、收藏、分享 > | 我的笔记违规了怎么办 | > | | |
| 联系我们 | | 前往帮助与客服 | > | 提交 | |
| 客服电话 | | | | | |
| 未成年交易专线 | | | | | |

图 8-1 小红书"意见反馈"板块

### ❋ 二、基于产品生命周期进行产品迭代

产品的生命周期包括探索期、成长期、成熟期和衰退期 4 个阶段，如图 8-2 所示。基于

产品生命周期进行产品迭代是保证探索期产品快速上线、成长期产品高速增长、成熟期产品稳定营收和衰退期产品创新突破的有效手段。

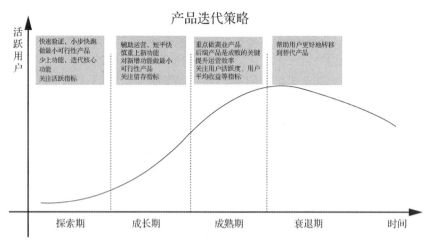

**产品迭代策略**

| | | | |
|---|---|---|---|
| 快速验证，小步快跑<br>做最小可行性产品<br>少上功能，迭代核心功能<br>关注活跃指标 | 辅助运营，短平快<br>慎重上新功能<br>对新增功能做最小<br>可行性产品<br>关注留存指标 | 重点做商业产品<br>后端产品是成败的关键<br>提升运营效率<br>关注用户活跃度、用户<br>平均收益等指标 | 帮助用户更好地转移<br>到替代产品 |

图 8-2　产品的生命周期

探索期，为了让产品快速发布，抢占市场先机，在产品需求的取舍中要以核心需求为主，即满足用户最基本的需求，这一阶段要"快速验证，小步快跑"，迭代核心功能。

成长期，即产品发布后，开始了用户争夺战。随着大量真实用户的涌入，产品进入了快速增长阶段。这一阶段要以用户体验为主，对已有功能进行优化，同时新增一些必备的支撑性功能，以实现用户的留存。

成熟期，即用户增长到一定的量级，产品进入平稳增长期。此时的产品已经过市场的验证和大量真实用户数据的打磨，产品架构趋于稳定，也建立了良好的用户体验和口碑，因此要以追求新的业务增长点为主，可以考虑业务线及业务类型的拓展，可以新增一些大的功能模块以支持新业务的发展，同时也要兼顾已有的业务，做好新老业务的融合及过渡。这要求互联网产品经理有较强的统筹规划能力，能考虑到产品功能体系中各功能的关联，做到既不影响整体用户体验，又给用户带来新鲜感。

衰退期，市场趋于饱和，用户及业务的增长已经严重受限，此时的产品迭代频率也会降低。通常公司会在产品衰退期来临前发布新的替代产品，而原有产品的产品迭代策略就是考虑如何让用户更好地转移为替代产品的用户。

 **任务二　理解产品迭代的意义**

互联网产品迭代是一项重要的产品开发策略，其重要性主要包括以下几个方面。

（1）保持竞争力。市场和技术日新月异，没有一款产品能够在长时间内一直保持领先地位。通过产品迭代，企业可以及时地把握市场和用户需求的变化，及时对产品进行调整，保持产品的竞争力。

（2）提升用户体验。良好的用户体验是产品取得成功的关键因素之一。通过产品迭代，企业可以根据用户反馈对产品进行优化和改进，从而提高产品的易用性、用户满意度和用户忠诚度。

（3）降低风险。在产品探索期，企业可能会面临技术风险、市场风险和商业风险等，而通过产品迭代，企业可以先发布最小可行性产品，并逐步验证和完善产品，以降低风险并减少投资损失。

（4）提高产品质量。在产品迭代的过程中，企业会不断优化产品的设计、功能和性能，从而提高产品的质量。

（5）促进创新。通过产品迭代，企业可以不断尝试新的功能、设计和技术，从而促进创新。

（6）加速产品发布时间。通过快速验证和反馈，企业可以更快地了解市场需求和用户反馈，快速调整产品，加速产品发布时间，从而抢占市场先机。

 **任务三** 掌握产品迭代流程

产品迭代通常包括迭代需求调研、分析与评估、设计与开发、测试与验证、产品发布 5 个阶段，下面一一介绍。

## ❋ 一、迭代需求调研

迭代需求调研的内容主要包括产品的漏洞、用户反馈的问题、同类产品的新功能、市场变动的新方向等。互联网产品经理需要将收集到的产品迭代需求整理到相应的表格中，如表 8-1 所示。

表 8-1　产品迭代需求管理表

| 模块 | |
|---|---|
| 需求背景 | |
| 需求描述 | |
| 记录人 | |
| 记录时间 | |
| 收集渠道 | |

## ❋ 二、分析与评估

在通过迭代需求调研收集到各方的需求后，互联网产品经理需要对其做进一步的分析和评估。简单地说，就是要筛选出哪些需求要做，哪些需求不做，并将这些需求按照优先级排序，确定哪些需求在这一期做，哪些需求在后期做。这就需要从产品需求和技术可行性两方面去综合考虑。在产品需求方面，一般将需求分为 P0、P1、P2 这 3 级，分别表示需求级别的高、中、低。当互联网产品经理通过分析得出各需求的级别之后，就需要召开需求评估会议，请开发人员对已有的需求从技术角度进行评估。开发人员可以从开发周期、开发难度、团队技术储备等维度进行评估，最后得出各需求的开发成本级别，通常用 D0、D1、D2 表示。开发人员可以要求放弃一些开发成本较高且需求级别较低的需求。产品需求级别表和开发成本级别表分别如表 8-2 和表 8-3 所示。

表 8-2　产品需求级别表

| ×-×-× 版本产品需求级别 | 具体需求 |
|---|---|
| P0（高） | |
| P1（中） | |
| P2（低） | |
| 评估人 | |
| 记录人 | |

表 8-3　开发成本级别表

| ×-×-× 版本产品开发成本级别 | 具体需求 |
|---|---|
| D0（高） | |
| D1（中） | |
| D2（低） | |
| 评估人 | |
| 记录人 | |

各方达成共识后，互联网产品经理就可以根据产品需求级别表和开发成本级别表，将已确定的需求填写到需求评估矩阵模型中，如表 8-4 所示。

表 8-4　需求评估矩阵模型

| 级别 | D0（高） | D1（中） | D2（低） |
|---|---|---|---|
| P0（高） | | | |
| P1（中） | | | |
| P2（低） | | | |

之后，互联网产品经理可以根据需求评估矩阵模型，撰写包含产品功能和功能开发成本的产品版本优化申请，交给上级领导确认。

## 三、设计与开发

设计与开发是一个至关重要的环节，直接决定着本迭代周期内的产品能否迭代成功。这个阶段，互联网产品经理要做的是跟进产品的设计、开发进度，以保证产品能够在预定的期限内迭代完成，达到可测试水平。

## 四、测试与验证

在测试与验证阶段，开发团队要将本迭代周期内开发完成的功能全部提交测试。测试与验证分为两部分：第一部分是互联网产品经理自测产品整体逻辑，即不需要关注产品细节问题（如界面美观度等），只要产品在整体逻辑上没有问题，此部分测试便可通过；第二部分是提交测试工程师进行功能落地的测试，该阶段互联网产品经理需要跟进测试进度，在测试工程师对内容和逻辑有疑问时，互联网产品经理也要及时解答。

## 五、产品发布

当测试与验证的工作全部完成后，即意味着本迭代周期内需要开发的功能已经全部实现，且没有任何问题，这时迭代后的产品就可以发布上线了。产品发布后，互联网产品经理还需要进行一次线上回测，以最大限度地确保产品不存在任何问题。如果不幸测试出了在测试与验证阶段未能发现的问题，互联网产品经理一定要在第一时间通知开发团队去修复，未能修复的问题也需要告知运营团队，并协助运营团队做好对用户的解释与安抚工作。产品发布标志着一个迭代周期的结束，也意味着互联网产品经理需要开始梳理下一个迭代周期的内容。

总的来说，在产品迭代的过程中，互联网产品经理的工作主要集中在迭代需求调研和分析与评估两个阶段，互联网产品经理需要在这两个阶段对需求进行准确的把握和取舍，找到最优的产品迭代方案。

## 任务四 理解产品迭代的注意事项

为了应对复杂的市场变化，一个优秀的互联网产品团队必须具备快速迭代与敏捷开发的能力。在进行产品迭代时，需要注意以下事项。

微课资源

产品迭代的注意事项

## 一、坚持持续迭代意识

面对激烈的市场竞争，产品团队需要保持持续迭代的意识，通过"小步快跑"的方式持续不断地发现问题、解决问题，在较短的周期内不断改进、提高和调整产品，使其适应快速变动的市场需求。从管理的角度来看，持续迭代强调的是对所有产品需求的高效管理。从技术的角度来看，持续迭代需要把一个大项目分解为多个相互联系但也可独立运行的小项目，且在此过程中产品一直处于可使用状态。只有这样，才能保证可以随时推出产品，随时增加功能，随时根据竞争态势调整产品、更新策略。

## 二、迭代实现平滑部署

迭代产品需要极其谨慎对待，因为既要创造出新的价值，又要有效维护老用户的利益和习惯。在实际的产品迭代过程中，产品团队需要运用集中部署技巧，如灰度发布。灰度发布是能够实现平滑过渡的一种产品发布方式，即让一部分用户继续使用产品功能 A，让另一部分用户开始使用产品功能 B，如果用户对产品功能 B 没有反对意见，就逐步扩大范围，让所有用户都开始使用产品功能 B。灰度发布可以保证产品整体系统的稳定，使产品团队在产品初始发布时就可以发现、调整问题，以控制其影响范围。

## 三、迭代前要封闭需求

理论上讲，只要产品处于正常发布和运营状态，产品团队就会持续收到关于产品的反馈意见和用户需求。为了保证产品迭代顺利推进，每一次迭代前，所收集的需求都需封闭，即需求收集完就停止，不再加入新的需求，这是保证产品迭代顺利完成的前提。同样，在下一

次迭代前，需要重新收集需求并调整需求的重要性。每一次产品迭代都要突出重点需求，果断放弃当前的非重点需求。

 **四、控制管理风险**

在产品迭代的过程中，风险管理是至关重要的。产品团队应该预见可能的风险，并采取措施降低风险的影响。例如，可以采用敏捷开发模式，将产品迭代划分为小的迭代周期，及时识别和解决问题，减少风险。

 **五、考虑技术创新**

技术创新是产品迭代中不可忽视的因素。新技术的出现和发展，为产品创新和优化提供了更多的可能性。因此，产品团队需要持续关注技术发展的趋势和新技术的应用，从而更好地迭代产品，满足用户需求。

## 项目小结

本项目对产品迭代进行了讲解，包括产品迭代的缘由、意义和流程，以及产品迭代的注意事项。通过本项目的学习，读者可以思考前面设计的产品原型或自己熟悉的产品有哪些迭代方向，以做到学以致用。

## 过关测试

**单项选择题**

1. 关于产品迭代，下列说法正确的是（　　　）。
   A. 如果产品在设计之初就深入且充分地考虑了用户需求，则不需要再考虑产品迭代的问题
   B. 产品迭代指通过多次小规模的改进和更新来持续改善产品
   C. 用户并非专业的互联网产品经理，其反馈意见不具有代表性，因而不需要考虑
   D. 如果产品已经取得了较高的市场占有率，是同类产品中的标杆，则不需要考虑迭代的问题

2. 产品的生命周期包括探索期、成长期、（　　　）和衰退期 4 个阶段。
   A. 成熟期　　　　B. 萌芽期　　　　C. 发展期　　　　D. 瓶颈期

3. 下列不属于产品迭代的意义的是（　　　）。
   A. 保持竞争力　　　　　　　　B. 提升用户体验
   C. 提高产品质量　　　　　　　D. 增加技术难度

4. 产品迭代通常包括（　　　）、分析与评估、设计与开发、测试与验证、产品发布 5 个步骤。

    A. 迭代需求调研　　　B. 问卷发放　　　C. 产品规划　　　D. 技术论证

5. 在产品迭代的过程中，让一部分用户继续使用产品功能 A，让另一部分用户开始使用产品功能 B，如果用户对产品功能 B 没有反对意见，就逐步扩大范围，让所有用户都开始使用产品功能 B。关于这种做法，下列说法不正确的是（　　　）。

    A. 这样可以有效维护老用户的利益和习惯

    B. 这样可以保证产品整体系统的稳定

    C. 这样可以实现平滑部署

    D. 这样的做法容易引起用户的投诉

## 拓展阅读

### 铁路 12306 App 再推两项新功能，回顾上线 10 年来的升级改造

2024 年 1 月 3 日起，铁路 12306 App 推出购票需求预填和火车票起售提醒订阅两项新功能，乘客购票将更加方便快捷。

目前，火车票预售期为 15 天。购票需求预填功能上线后，乘客可于车票起售当日预填乘车人、车次、席别等信息，然后在车票发售时一键提交订单并完成支付。起售提醒订阅功能，则使乘客可根据车票起售时间，提前通过系统设置多个提醒，以便及时提交购票订单。

其实，自 2013 年 12 月铁路 12306 App 推出之时起，其升级工作就一直在进行。10 年间，该 App 已经先后推出了列车正晚点查询、动车组列车选座、高铁网上订餐、候补购票、列车在线选铺、车票折扣信息显示等升级功能。

如今，铁路 12306 App 已经是许多乘客购买火车票的第一选择。铁路部门数据显示，截至 2022 年 10 月，自上线以来，铁路 12306 App 从 1.0 版演进到 5.5 版，历经 30 多个大版本、500 多个小版本的升级。截至 2024 年 1 月 3 日，铁路 12306 App 已经升级到了 5.7.4.1 版。那么，这 10 年间，铁路 12306 是如何迭代的？

**1. 互联网售票时代开启**

2011 年 6 月，中国铁路上线铁路 12306 网站（中国铁路客户服务中心），开展火车票购票业务，并于当年年底在全国铁路全面推行网络售票，中国铁路终于迈入互联网售票时代。

**2. 手机端 App 上线**

2013 年 12 月，为进一步方便乘客购票，提升服务品质，中国铁路在原有互联网售票系统的基础上，推出了手机端 App 铁路 12306，开启了铁路移动售票新时代。

**3. 上线列车正晚点查询和投诉、建议、服务查询功能**

2016 年 2 月，铁路 12306 App 上线列车正晚点查询和投诉、建议、服务查询功能，增设动车组列车选座功能，乘客可以根据可视化示意图自主选择座位。

**4. 上线高铁网上订餐功能，显著提升乘客途中就餐体验**

2017 年 7 月，铁路 12306 App 上线高铁网上订餐功能，显著提升乘客途中就餐体验。乘

坐 G 字头、D 字头动车组列车出行的乘客，可以通过铁路 12306 网站、铁路 12306 App 等预订所乘列车餐车供应的餐食，也可预订沿途供餐站供应的社会品牌餐食。

**5. 上线电子客票服务功能**

2018 年 11 月，铁路 12306 App 试点上线电子客票服务功能。乘客乘车不再需要取纸质车票，持购票证件即可进站乘车，让"赶火车"不再那么仓促。目前这项功能已覆盖 99.9% 以上的出行人群，标志着中国铁路跨入全面电子客票时代。

**6. 上线候补购票功能**

2018 年，铁路 12306 App 在部分线路试点上线候补购票功能，2019 年 5 月全面上线。自从这项功能推出后，不少乘客可以免于向第三方平台支付"抢票费用"，可以享受到更加便利的官方候补购票服务。

**7. 试点"静音车厢"服务**

2020 年 12 月，铁路部门在京沪高铁、成渝高铁的部分车次试点"静音车厢"服务。乘客购票时，如需使用"静音车厢"服务，可根据铁路 12306 App 系统提示自愿选择购买"静音车厢"车票。

**8. 上线适老化及无障碍相关功能**

2021 年 9 月，铁路 12306 App 上线适老化及无障碍相关功能。为了方便老年人、残障人士等群体购买车票，铁路 12306 App 可调节字体大小和对比度，并增加了手机读屏功能。

**9. 上线电子临时乘车身份证明开具功能**

2022 年 1 月，铁路 12306 App 上线电子临时乘车身份证明开具功能。乘客遗失或未携带身份证时可在线提交电子临时乘车身份证明申请，通过后即可在车站完成购票、退票、改签、进站、检票等业务服务。

**10. 上线在线选铺功能**

2023 年 6 月，铁路 12306 网站、铁路 12306 App 试行在线选铺功能。其以通达全国各区域的 230 趟高铁、普速列车作为试点，对普速列车软卧、硬卧和动车组软卧、一等卧、二等卧等铺别提供在线自主选铺服务，同时继续实行对 60 岁以上老人等重点乘客优先分配下铺的服务。

**11. 完成购票页面升级**

2023 年 12 月，铁路 12306 App 完成购票页面升级，可直接显示车票折扣信息。动车组票价实施市场调节价，由运输企业根据市场竞争状况自主确定。动车组列车票价按规定分为公布票价和执行票价，而在改版之前，乘客在铁路 12306 App 购买火车票时无法直观地看到票价的折扣幅度，购票页面改版升级后，列车相应席位的票价后多了折扣信息。